# 大家族主義経営

うちの会社はスタッフの夢が叶えられる大きな家庭

人と人をつなぐ達人　星野 修

HS

# はじめに

相手のために何ができるか？
自分以外の人に喜んでもらうためには？
そんなことを考えながら、突っ走ってきました。

妻とふたりで「有限会社ひらい整骨院」を開業したのは今から19年前の１９９２年のことです。２００８年からは「株式会社ＨＳコーポレーション」と改め、現在ではグループ全体で鍼灸整骨院16院、スタッフ80人という規模になりました。

業界内では他にない「大家族主義」の経営で成功していると、多くの方から評価をいただき、たくさんのスタッフや患者様に恵まれたおかげと感謝しています。

整骨院の業界に18歳から足を踏み入れ、脇見をせずに仕事を全うしてきました。とは言え、ここまで来るには多くの失敗も苦難もありました。

開業当初は常に資金繰りで苦戦しました。月末になると、預金通帳を眺めながら、なんとかお金が間に合ったと安堵の胸をなでおろしたことを思い出します。

資金繰りが落ち着いてくると、スタッフとの人間関係について悩み苦しみました。裏切られたことも数知れず。しかし、そんな中で自分と向き合うことの大切さや人を応援することの楽しさを見出してきました。

現在の社名、ＨＳコーポレーションの「ＨＳ」には「ヒューマン・サポーターズ」の意味が含まれています。我々は日本の皆様を元気にし、健康をサポートする治療家の集まりで、医食住など多方面からのサポートに取り組む健康総合企業を目指しています。

当社が方向を見失うことなく成長を続けていることを知って、多くの方が僕の話に興味を持ってくれるようになりました。だから毎日メルマガを書いています。講演をさせていただく機会も増えてきました。

以前は「主役はスタッフであり、僕はスタッフを輝かせることに徹する経営者」と考えていましたが、ある方から「トップが輝かないと社員も輝かないよ」と言われたのをきっかけに、これまで考え、やってきたことをお話しするようになったわけです。

本書の執筆を依頼されたとき、最初は「そんなに大きい会社を経営しているわけでもなく、どこにでもいそうな人間が文章を書いても……」とためらいをおぼえました。でも、こんな自分の経験をたくさんの人に読んでいただけて、お役に立てていただけるのであればと挑戦してみました。高校時代から現在に至るまでの経験や失敗。仕事をしながら培ってきた知恵や教訓。ありのままの自分をさらけ出したつもりです。

こんなダメな自分でもここまでできました。

「誰だってあきらめなければできる」と伝えられれば嬉しいです。

鍼灸整骨院にかかわっている治療家の方、中小企業の経営者の方、起業しようとしている方、会社員として仕事に励んでいる方……。本書を手にしてくださったたくさんの方々が、働き、人とかかわり、自分の人生を楽しみながら生きていく上でのヒントをつかんでいただければと願っています。

なお、当社では2011年7月に、会社・スタッフ・患者様・地域をこよなく愛するナンバー2の磯貝和義を中心に、市村秀崇、片山達郎、宇佐美慎吾、茂木靖のスーパーバイザーらに権限委譲を行いました。会社の方向性は決まっているので、それを目指す上で理念と照らし合わせて何をやってもかまわないと伝えています。そこで、自分の経験と想いを文章に残したいと思うようになったのも事実です。彼らにも本書からヒントを得て、HSコーポレーションをより良い方向へ指揮していってほしいと願っています。

僕自身はまだまだ未熟者です。これからもたくさんの方々にお会いして、成長していきたいと思っています。どうぞ末長くよろしくお願いいたします。

星野 修

第一章

# 働く前に、仕事について考えた。

# チャンスは突然やってくる。

私、いや、僕は〝大家族主義〟を掲げて、株式会社HSコーポレーションを経営しています。現在目指しているのは〝人間力日本一〟の鍼灸整骨院グループです。整骨院の仕事に就くきっかけも自立の原点も高校時代にあります。

父は電材関係のサラリーマン。僕は小学1年生から三重県の鈴鹿で暮らし、中学3年生のとき、父の転勤で県内の四日市に移り住みました。そして、高校1年生のとき、父が本社に戻ることに。そのとき思いました。「これはチャンスだ！一人暮らしができる」と。

そこで母に「サッカーをやりたいので、ここの高校に残りたい」と相談。でも、中学生のときはサッカーなどやっていなかった。一人暮らしができるなら、理由はなんでも良かったのです。コトはうまく進み、16歳から一人暮らしが始まりました。

朝は友達ふたりが迎えに来て、僕を起こしてくれる。雨が降ると学校に行きたくない病気になり、「先に行ってくれ」と遅刻することがたびたび。そんな生活です。ただし、母との約束があったので、サッカー部の練習だけは休まずに行っていました。

食事はどうしていたかと言うと、当時はまだコンビニなどはなく、基本的に朝は食べません。昼は学校の食堂で済ませます。平日の夕食は母の友達が届けてくれます。ありがたい気持ちはあったものの、食事が届く7時には部屋に帰っていなければならないことに窮屈さを感じていました。3カ月後、母に電話をして「申し訳ないんだけど、味がちょっと濃いんだよね」と夕食を断ってもらい、それからようやく本当の自由を感じました。

親から仕送りを毎月10万円もらっていましたが、お金が入ると友達に御馳走して10日間ほどで使ってしまう始末。お金がなくなると友達の家に泊まりに行き、帰りに友達のお母さんから「えらいねぇ。一人暮らししてるんだって」と、缶詰やレトルトカレーなどをたくさん持たせてもらう。周りの援助もあって、一人暮らしを謳歌できました。

**チャンスは突然やってきます。僕は努力と口実で、しっかりとモノにしてきました。**

# 頭を使わない仕事には限界がある。

高校3年生になり、サッカーの部活が終わってしまうと、友達と集まって「将来どんな仕事に就きたいか」という話をよくしていました。

友達のひとりは「俺、学校の先生になりたい」。もうひとりは「公務員になりたい」。別のひとりは「父親の仕事を継ごうと思う」。みんな将来の夢を持っているんだ……と知り、僕も将来を考えるようになりました。

まず注目したのはアパートの住人たちの職業です。僕が暮らしていたアパートは、4畳半の畳部屋2間とボットン便所。ご存知ない方のために一応説明しますと、ボットン便所は水洗トイレと違い、大きい方をすると跳ね返りがあって、快適とは程遠いトイレです。家賃は月2万円でした。

そのアパートに住んでいる人たちは、土方をやっている人、新聞配達をしている人など、職を転々としている人が多かった。さりげなく観察しながら、彼らの共通点は何かなぁ、と考えました。気づいたのは、体だけを使って働いている人が多いということ。自分が30歳、40歳になったときにこんな生活をしていたらイヤだと考えるようにもなりました。

その日暮らしに見える大人たちが反面教師となって、学んだのは「勉強しなきゃいけない。体を使ってする仕事には限界があるけれど、頭を使った仕事には限界がないんだ」ということです。

思い立ったら行動に移すタイプの僕は、勉強に力を入れ始めました。成果はすぐに表れ、後ろから数えた方が早かった成績が一気に真ん中くらいまで上昇。もっとも、これといった将来の目標もなく勉強していたので、すぐにモチベーションが下がって、成績も下がってしまったのですが。でも、やればできるとわかって、少し安心しました。

**「体を使ってする仕事には限界があるけれど、頭を使った仕事には限界がない」という考えは、仕事をする身になった今も変わりません。**

## 職業選びの動機は不純。

僕には7つ下の妹がいます。僕が高校3年生のとき、妹は小学6年生で両親と神奈川県大磯町に住んでいました。当時、日本ではローラースケートを履いて歌って踊る男性アイドルグループ「光GENJI（ヒカルゲンジ）」が一世を風靡し、ローラースケートが大ブームになっていました。

妹もブームに乗って楽しんでいましたが、ある日、自宅近くのレストランの駐車場で遊んでいたとき、転倒して右手をついてしまいました。「手が痛い」と泣いていると、レストランの奥さんが「うちのお父さんが接骨院をしているから」と、平塚市にある接骨院に連れて行ってくれたようです。妹と父はそこに通い、先生と仲良くなりました。

その頃、一人暮らしを続ける僕は「将来何をしようか」と思案中。冬休み、自宅に帰ると、父が「お前、将来どうするんだ？」と尋ねてきます。「何も考えていない」と答えると、父は「接骨院っていう仕事があるぞ」と思いがけない提案を。そして、妹がお世話になっている接骨院の先生に、すぐに会いに行くことになりました。

先生は60歳ぐらい。僕は「接骨院とは何がそんなにいいのですか？」とストレートに聞きました。答えは「人のためになるぞ。〝先生〟って、ずーっと言われる仕事だぞ。これから高齢化社会になるぞ」。しかし、そんなことを言われても18歳の僕にはピンときません。しつこく「他にないですか？」と迫ると、先生は困った表情をしながら「息子は30歳でベンツに乗っているぞ」と言います。

「30歳でベンツ」。僕はこの言葉に反応してしまいました。たったその一言で「将来、接骨院の先生になろう」と心に誓い、実際になって続けています。

**僕の職業選びは動機が不純でした。けれど今、たくさんの患者様に喜んでもらっています。スタッフにはイキイキと働いてもらっています。動機よりも大切なのは、そのきっかけを生かし続けることです。**

# 「心に貯金」しよう。

高校の卒業式の日、同級生に「俺、接骨院の先生になろうと思う。将来、開業したら、またここに帰ってくるから」と大きいことを言って四日市を後にしました。

卒業後は実家がある神奈川県大磯町に。4月から伊勢原市の接骨院で働き始めました。高校時代はアルバイトをしたことがなく、初めて働いたのが接骨院です。仕事は助手業務と雑用。とは言っても、自分にできるのは挨拶と掃除を一生懸命やること。そんなことしかできませんでした。周りに学生時代の友達がいなかったおかげで、誘惑にかられることなく、接骨院と自宅との往復を繰り返していました。

働き出して1カ月後、先生から「星野くん、お疲れさま」と封筒を渡されました。帰宅して封筒の中を見てみると、入っていたのは3万円。1カ月一生懸命に働いて、たったの

3万円です。悔しくて涙が止まりませんでした。母親に「この仕事を続けられないかもしれない」と相談すると「好きにしなさい」と突っぱねられ、さらに気分は沈みました。

高校時代の家賃2万円の生活を思い出し、ここであきらめてしまうと、以前見たような大人になってしまう。でも続けるにも……。僕は悶々としていました。

救ってくれたのは、その時に読んでいた本にあった「いいことをたくさんして心に貯金しよう」という言葉です。そうか。「心に貯金」ね。3万円しかもらっていないけれど、20万円もらったつもりで17万円を心に貯金をしました。そう考えると悔しさが消え、モチベーションが上がり、やっていこうと決心できました。時代はバブルの絶頂期でしたが、僕の人生では一番お金のない時代。友達は大学に行って学生生活を楽しんでいるという話を聞いていたので、余計に「今に見ていろ」という想いが強くなりました。

**収入が労力に見合わない、少なすぎる。そう感じて仕事を辞めたくなったら「今は心に貯金しているんだ」と考えてみてはどうでしょう。きっと前向きになれます。**

# あの人にもこの人にも、下積み時代はあった。

働き始めてしばらくは周りに友達がいなかったので、遊びに出かけることもなく、よく本を読んでいました。

特に興味をもって読んだのは、松下幸之助さんや本田宗一郎さんなど、日本を代表する企業人の本です。今でこそ有名な経営者でも必ず下積みの時代があったはずだと思い、どのようにして苦しい下積みを乗り越えたのか、本から知ろうとしました。

一番心に残っているのは、ジャーナリストの落合信彦さんが書いた『アメリカよ！　あめりかよ！』です。若くしてアメリカに渡り、お金がなく、人種の違いでも苦労しながら、路上で空手を披露したり教えたりして生計を立てていたことなどが書いてあり、僕の下積み時代のバイブルになりました。

モチベーションが下がったときや苦しいときは、この落合さんの本など、勇気ややる気を与えてくれる本を繰り返し読んでいました。そして、苦しいときこそ「早く独立して夢を達成しよう」という想いで懸命に働きました。

結局、僕は接骨院で4年間の下積み時代を過ごします。悔しいことや歯がゆいことなど、さまざまな経験から多くを学びました。

今も意識しているのはこの5点です。

①損することの大切さ：人生は長い目で見ると「損して得取れ」なんです。
②心に貯金をする：収入の何倍も働き、人に喜ばれることをして徳を積みます。
③考えて働く：つらい仕事をどうやって楽しくするか、考えて働きます。
④モチベーションをコントロール：下がったときに、本は勇気を与えてくれます。
⑤夢をあきらめない理由：2万円のアパート生活を思い出すと危機感が生まれます。

**日本の歴史に残るあの人にも、世界で活躍するこの人にも、下積み時代はあった。下積みがあってこそ成功や飛躍がある。そう考えると、苦労は乗り越えられますね。**

# コミュニケーションは相手に興味を持てばいい。

仕事をする上で、最初の難関はコミュニケーションでした。

接骨院にはお年寄りもサラリーマンも主婦も訪れます。高校時代は同級生とばかり話していたので、年上の人にどう接したら良いのか、僕はよくわかりませんでした。

ある日のこと、50代の主婦の患者さんに挨拶したものの、その後の言葉が出てきません。困っていると患者さんが「どこから通ってるの？　接骨院の先生になりたいの？」と聞いてくれました。僕は「大磯から通っています。接骨院の先生になりたくて勉強しています」と調子のいいことを。勉強などしていないのに。専門学校の受験も控えていたため、慌てて母に相談し、妹の玲奈が通っている塾に行くことにしました。

塾は大磯町にある「大磯英学館」。本来は小学生と中学生が対象です。民家を改造した建物で、玄関は引き戸、古い木の机とイスがあり、黒板は緑ではなく文字通りの黒板。本当にレトロな塾でした。教えてくれたのは当時65歳の中村敬先生。中学校教員を定年退職した後、塾を開いたそうで、いつもスーツにネクタイという律儀なスタイルでした。

僕は先生に悩みを打ち明けました。「まだ自分に自信がないので患者さんとのお話とかができません。どうしたらいいですか?」

先生の答えは明快です。「それはね、人に興味を持ったらいいんだよ。僕も中学校で初めて教員をやったとき、コミュニケーションに壁ができたんだ。だからね、中学生に興味を持ったんだよ。興味を持つと聞きたいことがたくさん出てくるんだ」

「修くんは接骨院の先生になろうとして努力しているわけだね。先生って先に生まれるって書くよね。修くんが患者さんに興味を持っていろんなことを教えてもらったらいいんだよ。先に生まれてる先生は患者さんの方だから」。先生の優しい口調に僕はどんどん引き込まれていきました。

**僕は「聞けばいいんだ」と素直に実践してきました。そして、うまくいきました。**

# 叶えられる夢もあれば、叶えにくい夢もある。

昼間、接骨院で働きながら、夜は塾に行く生活。小学生や中学生と席を並べて、高校を卒業した僕は、中学校の教科書からもう一度やり直しです。

勉強はもちろんタメになりましたが、人生においてすごく大きかったのは中村先生と出会ったこと。後に結婚式を挙げる際には先生に仲人になっていただくことになります。

18歳の僕は、親に相談できないことをすべて先生に相談しました。高校時代、まじめに学校に行っていなかったこと、一人暮らしをしていたこと、そこで感じたこと、そして、将来整骨院の開業を夢見ていること。

先生は「修くんの夢はね、叶えられる夢だからいいと思うよ」と言ってくれました。叶えられる夢と叶えられない夢があるのか首を傾げると、「叶えられない夢なんかはないいんだけれど、叶えにくい夢っていうのがあるんだ。努力しても才能がないといけないのはスポーツの世界だよね。プロ野球選手になるためにはいくら一生懸命練習しても、才能や運が必要じゃない？　誰しもが手を挙げたらできるかって言えば、違うよね。修くんの夢は努力して叶えようと思えば叶えられる夢なんだ。自分がやりたいって思えばできる夢なんだよ。僕も中学校で教えていたから、生徒の夢ってたくさん聞いてきたなぁ。その中で夢を本当の意味で叶えている子は、ほんの一握りなんだよ」

僕は接骨院の先生を志したばかりで、まだ資格もとっていなかった。でも、なにか自分はできるんじゃないかと先生は思わせてくれました。

先生の過去を尋ねてみると「初めに勤めたのが盲学校だったんだよ。盲学校って聞いたときは、まいったなぁ、ここで勤まるかなぁって思ってね。そこでね、この子たちと一緒に成長しようって思ったんだ。初めからうまくなんか、いきっこないんだから……」

教育に情熱を注いできた先生に、たくさんのことを学ばせていただき感謝しています。

**夢を語ると周りの人が応援団になっていきます。夢はぜひ口に出してください。**

# その出会いが〝運命を変える出会い〟かも。

接骨院で働き出してから2年後、20歳のとき、代々木にある東京医療専門学校に入学しました。ここでも人生における大きな出会いがあり、僕は〝運命を変える出会い〟だったと思っています。

4月、専門学校初日のオリエンテーション。僕は後の方の席に座っていて、すぐ目の前には坊主頭が。妙に気になって、休み時間に彼の肩をトントンと叩きました。振り向くと明らかに年下だったので、敬語を使わず「おまえ、なんで坊主頭なの？」と聞きました。

「いやぁ、坊主にしないと高校を卒業させてくれないって学校で言われたんですよ。もう1年学校に行くのはイヤじゃないですか。坊主で済むならいいかなぁって思って、したんです」

こいつ軽いヤツだなぁ。そう感じた相手の名前は「小林寿圭《こばやしかずよし》」、あだ名が「マー」。専門学校では、後の縁など予想することもなく、気の合うクラスメートのひとりとして付き合っていました。

2年間通学し、22歳で柔道整復師の資格を取得しました。在学中に「整形外科って何をやっているんだろう」と興味を持ったことから、4年間下働きをしていた接骨院を退職し、神奈川県の厚木にある整形外科に就職。レントゲンの見方や診断の仕方を学ばせてもらい、4月から12月までの9カ月間働きました。短期間で辞めたのは、やはり柔道整復師の資格を持っているので、整骨院で働きたいという想いが強くなったからです。

ちょうどマーのお兄さんが江戸川区の一之江で鍼灸整骨院をやっていて「働きにこないか」と誘われていました。後にそのお兄さんと会い、マーとの出会いは〝運命を変える出会いだった〟と思うようになります。

**僕は、会って楽しい人やなんだか気になる人と積極的に話をしてきました。だからこそ〝運命を変える出会い〟と呼びたくなる出会いに恵まれたのだと思っています。**

# 順序がおかしくても気にしない。

年の暮れ、12月27日にスーツを着て、マーのお兄さんの整骨院に面接に行くことになりました。しかし、行ってみると仕事が終わり、みんなで大掃除をやっている最中。マーが「兄貴はまだ来てないんですよね」と言うので、「じゃぁ俺も大掃除手伝うよ」と一緒に働きました。窓を拭いたり、カーテンや包帯を洗ったり。そろそろ大掃除は終わりという段になっても一向に院長が現れる気配がありません。

とうとう大掃除が終了。院長はまだ登場しません。マーは「星野さん、良かったら一緒に忘年会に行きましょうよ」と誘ってくれました。そうは言われても、少々気がひけます。「まだ面接とかしてないけど、いいの？」と聞くと、マーは「いいっすよ。どうせ患者さんのお店だし、ひとりくらい追加するのは平気ですから」と相変わらず軽い調子です。

面接もしないまま、忘年会会場の居酒屋さんへ。そこでマーが、兄である小林秀年院長を紹介してくれました。僕が「面接はいいんですか?」と聞くと、院長は「今から忘年会だから、それが終わってからしよう」と。物事には順序がある、なんてことは全然気にしていない様子で、そのまま忘年会に突入です。

マー以外は初対面のスタッフさんばかり8人ぐらいいたでしょうか。僕はまだ入社してもいないのに自己紹介をして、お酒を酌み交わしました。カラオケを歌うことになって、院長が「誰から歌う?」と聞くので、元々盛り上げたがり屋な性格の僕は手を挙げ歌うことになりました。曲はサザンオールスターズの「いとしのエリー」。歌いながら「ホントにいいのかなぁ」と半信半疑になりつつも、本領を発揮して忘年会を盛り上げさせていただきました。

**入社していないから大掃除を手伝わない。面接すら済んでいないから忘年会に参加できない。そんな順序や秩序にこだわる考え方は、捨ててしまった方が道は開けます。**

# 面接はスーツで勝負、じゃない。

居酒屋の後、「船堀の健康ランドに行くぞ」ということになり、皆でタクシーに分乗して向かいました。まだ面接はしてもらっていません。でも、僕も流れにのって同行しました。「健康ランド」とは、正式名称は「東京健康ランド」。お風呂やサウナでくつろげて、宴会もできるリラクゼーション施設です。

お風呂に入って、ようやく小林院長とゆっくり話す機会を頂きました。当然ふたりとも裸。ライオンの口からお湯が出ている前で、湯船につかりながら院長は「今まで何やってきたの？」と。いきなり面接らしきものが始まりました。

僕　「接骨院で4年下働きして、9カ月整形外科で働いてきました」

院長「うちで何がやりたいの？」

僕「鍼灸整骨院で働くのは初めてなので、学ばせてもらいたいと思って……」
院長「学びたいんなら給料は出せないな」
僕「接骨院と整形外科でも働いてきたので大丈夫です。
何が得意というわけではないんですが、明るさだけはとりえなので」

院長の言葉はちょっと鼻についたけれど、どうしてもこの人の下で働きたいと思いました。お風呂の中での面接は、後にも先にも初めての経験。話に聞いたこともありません。常識にとらわれないところに、人間の大きさを感じたのかもしれません。
結局、東京都江戸川区にある第一整骨院（現・あみ鍼灸整骨院グループ）に入社が決まり、1月から神奈川県大磯町を離れ、東京で一人暮らしをすることになりました。

**就職活動と言えばスーツ姿が当たり前。でも、大切なのは外見ではなく、自分は何をしてきたか、これから何をしたいのか。そして、それらを面接相手にしっかり伝えられるかどうか、ではないでしょうか。**

第二章

# リーダーになって、自分が成長。

# リーダーは、何から始めるべきか。

1990年1月。再び一人暮らし。「第一整骨院」での仕事が始まりました。小林院長は現在では「あみ鍼灸整骨院グループ」として鍼灸整骨院24院の経営を行っていますが、僕が入社したときにはまだ1院だけで、2月に2院目の開院を控えていました。3月、小林院長から「第一整骨院のリーダーにならないか?」と予想すらしない言葉が。入社して間もないものの、突然巡ってきたチャンスを逃すことはできません。「もちろん、やります」と即答し、23歳で第一整骨院の副院長を任されることになります。

リーダーになるにあたって考えたのは「何から始めるべきか」。院長に「どんな院をつくっていきたいのですか?」と聞くと、3つのポイントを挙げてくれました。

「1. ワクワク楽しく仕事をする

2. みんなが笑顔になるために仕事をする
3. 売上は仲間のために使う」

その当時、整骨院では上下関係が厳しく徒弟制度が多いイメージがありました。しかし、院長はこの3点を本当に実行して、常に仕事のことを考え、夜遅くまで教育に励んだりミーティングを繰り返したり。「スゴイ人だなぁ」と僕は心から尊敬し、〝本気のスイッチ〟が入って「この人のために頑張ろう」と決意しました。

院内には先輩スタッフが5人。3カ月後は自分がリーダーになって立場が逆転するため、この人たちを味方にしなくてはいけません。認められるために、まず院内の清掃から始めました。次はしっかり挨拶をして患者様への接遇を強化。仕事の後は勉強会を開いて、毎日のようにみんなで食事に行きました。コミュニケーションをしっかりとりながら、みんなが楽しく働けて、患者様がたくさん来てくれる院にしていったのです。

**リーダーは、何から始めるべきか。答えは、チームやグループが何を目指すかを明確にすると見えてきます。迷うときは、上司や先輩の声もためらわずに聞いてみましょう。**

# 体調管理はプロの基本。

副院長を任されたからには、しっかり結果を出さなければいけない。そのためにどうすべきか、あの手この手を考えていきました。難しさを感じたのは、チームリーダーとしてどのようにスタッフとかかわっていくか。小林院長が「(デール・)カーネギーの『人を動かす』という本がいいよ」と教えてくれたので、それを読み、実践していきました。また、リーダーにふさわしい存在であるように、医学的な知識をもう一度勉強し直し、スタッフを集めて勉強会も開きました。その結果、患者様が整骨院に入りきらないくらい来てくれるように。5人座れる待合室に10人がひしめくこともありました。

しかし冬のある日のこと、僕は風邪で40度の熱を出しダウンしてしまいました。院長はわざわざ僕のアパートにお見舞いに。そして、部屋に入るなり、「体調管理ができてない。プロとして失格だね」と。

「大丈夫か？ ゆっくり休め」など、いたわりの言葉を期待していた僕はショックを受け、「すみません」としか言えなかった。とにかく悔しく、もっと頑張ろうと思いました。

院長の厳しい言葉は、今から思えばありがたいものでした。それまで僕は朝から晩まで毎日休みなしで働いていた気がします。仕事に取り組む姿勢を学ばされ、以来、体調管理に気を配りながら働くことができるようになりました。

20代で小林院長という尊敬できる師に出会えたことで、その後の人生が大きく変わっていったと思います。尊敬できる師から言われることは素直に聞き入れることができ、師の予想を上回ろうと努力します。だから先読みして言葉にして行動に移す。師匠には認められたいと誰しも思うでしょう。僕もそう思っていましたが、ある時から師匠に「やられたっ」と言わせたいと思うように変化しました。先回りの行動をして「やられたっ」と言わせる快感。それを味わいたくて、常に万全の準備をするようになりました。

**体調管理はプロの基本。体調が万全だからこそ、常に万全の準備ができるのです。**

# 伴侶とは苦しいことを共有したい。

第一整骨院には毎日100人以上の患者様が来てくれるようになり、ものすごく充実した毎日を送っていました。そこで院長に「3院目を出しましょう」と提案したのですが、「今は無理だね」と、あっさり却下されてしまいました。

それなら、18歳のときから〝夢〟だった自分の整骨院を開業しようと決意しました。後に僕の妻となる伸子と、デートのたびに店舗用の物件を探して歩き回りました。季節は夏だったので、喉が渇くと喫茶店に入るというパターンの繰り返しです。

僕は開業を夢見たときから、妻になる人とは苦労を共にしていきたいと願っていました。開業して成功してから結婚するのではなく、苦しいことも共有しながら一緒に成長していきたかったのです。

ついに独立。第一整骨院を他のスタッフに引き継いで、1992年の12月1日、25歳のとき、「ひらい整骨院」を開業しました。場所は江戸川区平井。地名から名前を付け、「地域密着」を掲げました。家賃5万1000円の新小岩のアパートで生活をしながらの開業。社内一部門のリーダーを卒業し、独立開業の第一歩を踏み出しました。

開院初日は冬なのに雨でした。妻が受付を担当し、僕が治療をするという、ふたりだけの船出で、来てくれた患者様は7人だけ。妻は「本当に患者様なんか来るの？　これ以上、来ないんじゃない？」とささやきました。僕は自分に言い聞かせるように「必ず患者様は増えていくから」と。

翌日からは毎日のように倍以上の患者様が来てくれて、その数は増えていきました。僕と妻は夜遅くまで仕事をして、外食をして帰る毎日。ふたりとも疲れきって、いつも無言で食べていました。このままでは続かないなぁ、人を入れなきゃなぁ、と思いながら。

**苦労を共にしてこそ、その先の喜びをますます分かち合えます。**

# うわべだけのチームワークなんて。

毎日あまりに忙しく、整骨院を夫婦ふたりだけでやっていくのは難しくなっていました。開業4カ月後の3月には、新人スタッフ3人と受付担当1人、計4人に加わってもらい、ようやく僕と妻は落ち着いて食事ができるようになりました。

新人さんたちには早く成長してほしかった。だから、以前勤めた第一整骨院で培った教育を精力的に行いました。でも、なぜかしっくりきません。立場の違いがそうさせているのか、スタッフとはかなりの距離感がありました。距離を埋めるために、勉強会や飲み会なども行ってみるも、なんか違う。

開業してしまうと、もう誰に相談することもできません。

そこで、頻繁に本屋さんに行っては、経営者や管理職に向けて書かれた本を探しました。

人をどうやって動かそうか、チームワークをどのようにしてつくろうか。そんなことばかりを考えていました。

今思えば、目先のことに翻弄されて、うわべだけのチームワークをつくろうとしていたので、うまくいかなかったのだと思います。自分の会社をどのようにしていきたいのか深く考えておらず、目標やビジョンというものを固めていませんでした。

それでも毎日100人以上の患者様が来てくれます。仕事に励みながら、教育にも力を入れ、なんとかしてスタッフとの距離を埋めようと努力を続けました。

めざす形に徐々に近づき、開業半年後に妻には現場を外れて経理の仕事に専念してもらうことにしました。目標やビジョンを明確にし、チームワークを立て直せたと感じたのは、開業してから2年半後。「有限会社ひらい整骨院」を設立し、個人事業から法人登記へ変えました。この時「もう1院出そう」と決意します。

**ちゃんと機能するチームワークを築くには、コミュニケーションも大切ですが、リーダーのビジョンや理念が欠かせません。**

# 役割が人を成長させる。

1995年8月に2院目を開院し、分院長は入社当初から期待していたスタッフに任せました。1年半で軌道に乗り始めたと思いきや、なんとその分院長が治療技術や経営ノウハウを修得した段階で独立。今思えば、彼を表面的にしかわかっていなかった。その後、スタッフの入れ替わりが激しくなり、院を満足に運営できる状況ではなくなってしまいました。人が頻繁に入れ替わるので患者様の数も伸び悩み、2院目を閉鎖しようと考えたことすらあります。

そんなゴタゴタした時期に入社してきたのが、当時23歳の田中仁。元々はエンジニア志望で、紆余曲折を経てこの業界に入ってきたようです。独りで過ごすことが大好きなタイプで僕とは考え方が大きく異なり、院内ではちょっと浮いた存在でした。

田中は、2院目が危機的状況に陥ったのと同時に、体調を崩して3カ月間入院生活を送ることになります。「続けるのか？　辞めるのか？」話し合うと、「頑張って続けていきたい」と言います。僕は「田中を一人前にしなければいけない」と直観的に感じました。

人は急には変われない。でも、あきらめなければ、人は必ず成長できる。僕は田中に責任ある業務を与えてみることにしました。スタッフ教育を任せたり、レセプト業務をさせたり。小さな失敗はありましたが、いいところが発揮されていきました。さらに新たな役割を与えると、ますます成長。信頼が生まれ、僕と家族同様の関係にもなりました。5年を要して田中は院の運営をすべて任せられるまでに成長しました。

「夢」というタイトルで彼はこう書いています。「自分ひとりでは実現できないが、人の助けを借りれば夢を実現することができる。自分中心ではなく、皆の中の自分として、出会いの大切さ、夢を叶える環境づくりに貢献していきたい」と。

**「あきらめなければ、人は誰でも成長できる」はずです。新しい役割は田中を成長させました。成長させたことで、僕の教育や多店舗展開への自信につながっていきました。**

## 謙虚でありたい。父のように。

独立して2年半でスムーズに2院目を開院。それからは子供が年子で3人産まれて世話に追われたり、スタッフの入れ替わりが続いたり。少し燃え尽き症候群にもなっていました。自分は2院までしか開院できない器なんだと思い詰めた日もあります。それでも、もう一度仕事に情熱を注ごうと、独立から5年後の2001年6月に3院目を開院しました。

直後、母から「お父さんが大腸ガンで入院することになったのよ」と電話がありました。慌てて妻と神奈川県平塚にある病院へお見舞いに。病室は4階にあり、4人部屋。父はごく普通でした。

「お店出したばかりで忙しいのに、悪いなぁ」と申し訳なさそうにする父。僕が体を気遣うと「いたって平気さ。お医者さんはポリープの大きいやつだから取れば大丈夫だって、転移もしてないって」と笑います。病室から見える夕日がきれいでした。退院したときの記念にと、父の写真を撮りました。伸子と並んで……カシャ。

「ホントに大丈夫だから、忙しいんだから見舞いになんか来なくていいぞ」と、父は僕が帰るときにエレベーターで一緒に降りて、玄関まで見送ってくれました。

2週間後に手術が無事終わり、術後も順調でした。父は当時68歳。身長165cmで体重が80kg近くあり、「一緒に脂肪も取ってくれたらよかったのに」と冗談を言うほど元気だったのです。しかし1週間後、糖尿病の影響で容態が急変。緊急手術をして集中治療室に移ります。父はもう話すことさえできない状態でした。体がどんどん動かなくなっていき、入院から3カ月後の9月9日、腎臓の機能が低下し多臓器不全で亡くなりました。

看護師さんが集中治療室でいつも流してくれていた、父が好きなザ・プラターズの「オンリー・ユー」。この曲を耳にするたび、どうしても悲しみが甦ってしまいます。

**お見舞いに行くと、父は謙虚でした。自我を抑えて、周りを気遣うことを教えられた気がします。**

# 何のために働くのか。

父の死から2日後にニューヨークで同時多発テロが起こりました。ちょうどお葬式をしているときです。遺影に選んだ写真は、病室で夕日がきれいだからと、伸子と一緒に撮った写真。3カ月前に笑顔だった父はもういません。心にぽっかり穴が開きました。

考えたのは、どれだけの親孝行をしてきただろうかということ。68歳で父が他界したとき、僕は34歳。ちょうど半分の人生です。25歳で開業してから仕送りはしていましたが、旅行に連れて行ったりしたことはありません。一人暮らしが長かったので、オヤジとの思い出がないなぁと感じました。両親が整骨院の仕事をしていたわけではないので、僕は一切相談もせずに突っ走ってきました。ふと、寂しさを感じたのは言うまでもありません。

オヤジが整骨院という仕事を教えてくれたなぁ。開業したときは何枚も写真を撮ってスクラップしてくれていたし、結婚も祝福してくれたし、孫が生まれたときもすごく喜んでくれていたなぁ。数少ない思い出が、走馬灯のように頭の中を駆け巡りました。

父に「ありがとう」など感謝の言葉を言ったことも、考えたら、記憶にない。自分の整骨院がうまくいかない理由がなんとなくわかってきました。父親を尊敬していなかったし、感謝が足りなかった。同じように社員に対しても感謝が足りなかった。だから、たくさんの人が辞めていったんだな。そう解釈しました。

父を亡くして初めて「人と人は感謝でつながっているんだ」と思いました。人には必ず終わりがあることを、実感として教えてくれた父親の死。そこであらためて考えてみると、独立してからずっと自分のために仕事をしてきた気がしました。

人は何のために働くのか。すごく考えました。自分と家族のために。それだけのために働いていて良いのか？　15人の社員を抱えて……。

僕は「たくさんの人に幸せになってもらうため」と考えられるように変わりました。

**あなたは何のために、誰のために働いていますか？　考えてみてください。**

## 「組織はトップで99.9パーセント決まる」

父親の死後、このままではいけないと焦っていました。それでも何から手をつけたら良いのかわからない。とにかく今いる社員を成長させ、整骨院を増やすことを目指しました。経営拡大は順調に進み、39歳のときには整骨院を7院まで広げていました。スタッフも35名くらいに増やしました。ただ、自分の中でビジョンを描けずにいたのです。もう独学では限界だと感じて、どこかで勉強をしようと思いました。

じつは以前は経営者の勉強会に参加することが嫌いでした。集まる人たちとは業種も違うし、そんなところで勉強したからといって会社が良くなるのか疑わしいと考えていたからです。しかし、そんなことも言っていられない状況でした。うまくいかない会社の現状をどうしても変えたかった。

考えを改めて、船井総合研究所主催の「規模を追及しない多店舗経営」というセミナーに参加。そこで「組織体はトップで99.9パーセント決まる」という言葉を聞き、衝撃が走りました。トップの想いが具現化されていく、自分次第で変わっていくんだ、と。

素直な気持ちになるだけで、聞くことがすべて新鮮に響くようになりました。以前の僕は素直じゃなかった。数々の問題の根本はスタッフとの人間関係にあり、いつもスタッフの責任にしていました。本当は自分が原因なんだと、ようやく気づきました。

船井総研主催の経営者サークルにも入会しました。そこで出会ったのが栃木県宇都宮で当時クリーニング店7店舗を経営していた(有)サンドライの高橋典弘さん。高橋さんの会社はパート・アルバイトさんを60人雇っていて、やはり悩みはスタッフとの人間関係という話でした。「二代目で、自分の代になって会社をどんどん改革しているところ」という高橋さんからも経営のヒントをたくさん頂き感謝しています。4回コースのサークルで他社のトップと会って情報共有できたことも、自分にプラスになりました。

**組織体はトップで99.9パーセント決まる。僕は会社経営において日々、実感しています。**

# 後輩ができたらリーダー。

第一整骨院でリーダーになり、自分の会社を興してトップになり、僕は長い間リーダーについて考えてきました。

そもそも「リーダー」とは？

後輩ができたらリーダーです。リーダーの役割は、部下を思い通りに働かせることではありません。本来、人は「成長したい」と思っています。リーダーは部下のメンターになり、いろいろな仕事を通じて部下の〝やる気スイッチ〟を後押しする存在です。

部下の中には自信のない子もいました。その子に自信をつけさせるためには、仕事を大好きに、会社が大好きに、地域が大好きになってもらう。「好きだからこそ身につく」と考え、まずは仕事を好きになれるよう、きっかけを与えてきました。

リーダーが与えられるものはたくさんあります。たとえば、誰にどのように喜んでもらうための仕事なのか、仕事の本当の目的を伝える。仕事をしやすいように環境を整えてあげる。タイミングを見計らいながら思いやりを伝える。部下の喜びも悲しみも分かち合う。部下が人として成長することを応援する姿勢が大事だと思います。

僕は、リーダーは教育者でなければいけないと考えています。人に何かを教えるには、自分自身が学ぶことも必要。普段、何気なくやっていることを、意識して、分析して、わかりやすく伝えられなければいけない。中学生でもわかるくらい簡単に。

後輩を指導すると自分のレベルアップにつながります。すると「教える」から「育てる」に変わっていくんです。後輩はそれぞれ資質も性格も違い、褒めた方がいい人間もいれば、叱らなければ育たない人間もいる。いろいろな人と接することで、自分も成長していきます。親が子供から学び成長するように、先輩が後輩から学び成長していくのです。

**なお、リーダーシップを発揮するには、理念や志や想いが必要です。松下幸之助さんも「理念が何よりも大切な絶対条件」「利益は一瞬・理念は一生」と言っています。**

# リーダーには条件がある。

僕自身が考える「尊敬されるリーダー」は、こんな人間です。

- 自信を持っている
- 明るい・常に笑顔である
- 情熱を持っている
- 自分の責任と認める（自己責任）
- 感謝を取り入れている
- 何事にも本気で取り組んでいる

自信を持っている人は信念があり、部下から相談されることが多くなります。明るい人は場の空気を変えられます。また、明るい人ほど簡単に考え、暗い人ほど難しく考える傾向があるようです。情熱を持っている人は心の底から考え抜く強さがあります。自己責任を認める人は環境のせいにせず、真の原因は自分にあると考えられます。感謝を取り入れている人は幸せを感じる力を持っていて、人を大切にすることができます。何事も本気で取り組んでいる人は自分らしく仕事をし、常に成長しようと努力しています。さらに言うと、尊敬されるリーダーには、尊敬できる師匠・良き仲間・友人がいるものです。

なお、当社における主任以上のリーダーには、次のような条件を課しています。

①患者様第一主義で行動できる人
②環境整備に力を入れている人
③上司の方針を理解し、実現しようとしている人
④仕事の予定を立て、行動している人
⑤部下に対する仕事の指示を的確に行っている人

**じつは当社のリーダーの条件は⑪までありますが、簡単に言えば「部下を叱ることができる人」です。叱ることは教育行為で、ダメなリーダーは叱れません。**

第 三 章

# 「大家族主義」で
# 会社を
# 強く、大きく。

# 経営は一言で言えた方がいい。

経営に関するセミナーやサークルに参加し始めてから、僕は学びにのめり込んでいき、本もたくさん読みました。強い衝撃を受け、その後、会社経営のバイブルになったのは、稲盛和夫さんの『アメーバ経営』です。経営理念を確立し、ひとりひとりに浸透させ、社員を主役にしていく全員参加型の「大家族主義」について書かれていました。

じつは35歳を過ぎるころ、自分はこのまま治療家として現場に出続けるか、経営者の仕事に専念するか、悩んでいました。稲盛さんの本を読んで、二足のわらじを履くのではなく経営者の道を歩いていこうと決め、39歳からはあまり現場に行かなくなりました。

そして、経営理念を確立しようと管理者クラスのスタッフ5人を集めて話し合いました。一言でどんな経営をしているか言えた方が良い。社員はこれからもっと増えていく。そこで選んだのが「大家族主義」の経営です。社員にはこんな話をしました。

「大家族主義では、職場は家庭。スタッフ間は親、長男、長女……の関係。スタッフを好きになり、スタッフの幸せを追求する。それも見返りを求めない〝親心〟に近い気持ちで。親身にスタッフの幸せを考えるからこそ、本気で叱って躾る。スタッフを家族の一員と考えるからこそ、将来を真剣に考える。各院では分院長が兄貴分となり、弟や妹と接するように他のスタッフに接して愛情を注ぎ、一人前に育てていく」

管理者クラスとの話し合いのとき、「有限会社ひらい整骨院」という社名も変えることになりました。彼らから名前を公募し、現在ナンバー2の磯貝和義が考えてくれた「株式会社HSコーポレーション」に変更しました。

「HS」は「ひらい整骨院」の略であると同時に「ヒューマン・サポーターズ」も意味します。「人を応援する会社」HSコーポレーションです。

**HSコーポレーションの経営は、一言で言えば「大家族主義」。これから起業される方には、端的に経営を表現する言葉を今から見つけておくことをお勧めします。**

# 優れた組織には、すごい幹部。

ミーティングの機会があるたび、スタッフに「大家族主義でいきたい」と言い続けました。でも、聞いているメンバーは、ポカーン。話をしても伝わらない毎日でした。

当時のスタッフは35人。どうしたら伝わるか、考え続けて見つけたのが、株式会社ブロックスさんが出しているDO　ITビデオシリーズ「美容室バグジー」の映像です。「大家族主義」への取り組みは見習いたいもので、食い入るように見ました。社員が主役で、自主自立の組織が整い、皆が「お客様を喜ばせたい」と心から願って働いている。

これをスタッフに見せてイメージしてもらおうと、スクリーンとプロジェクターとスピーカーを買いました。大画面で迫力ある映像を見せ、本気さを伝えようとしたのです。

まず幹部を中心にスタッフ20人にひらい整骨院本院に集まってもらい「こんな大家族主

義の会社をつくりたい」と映像を見せました。視聴後に4人1組でディスカッションをしてもらうと、気になった点としてたくさんの意見が飛び出しました。「社員たちが笑顔で働いている」「利より信の経営」「大家族主義」等々。「ぜひ学んだことを持ち帰って、自院に取り入れていこう！」と、皆がその気になりました。

僕はバグジーの久保華図八さんに直接お話をうかがいました。「従業員とは家族のように、お客様は親愛なる友達のようにやっていく。家族では長男や長女が一番大事。大家族主義では幹部がしっかりしている」

教えていただいた、すごい幹部の3つの特徴はこれです。

- 人の嫌がることを率先してやる（たとえばクレーム処理も率先して）
- 工夫を怠らない（同じ失敗を繰り返さず、こうしたらどうかと発想・行動を転換）
- 上司を機嫌良くできる。（上司が喜ぶツボを知っている）

**家族ではリーダーが大切。だから会社組織では幹部をしっかり育てる必要があります。**

# 価値観の共有は勉強とイベントで。

大家族主義を全社に浸透させるため、一般社員には少人数制の勉強会「ひらい塾」を開きました。僕が塾長で一度に参加するスタッフは5人。自己紹介、ビデオ上映、ディスカッションを通じて価値観の共有をめざしたのです。

自己紹介では、僕の信条とこの塾で学んでほしいことを伝えます。また、会社の前身、ひらい整骨院の経緯についても話します。スタッフには、大家族主義と感謝の大切さを学んでもらい、職場の仲間とコミュニケーションをとりながら相手のことを感じられる人間を目指してもらう。当社がどこに向かうかも認識してもらいます。

それまでバラバラだった組織が一気にまとまるきっかけとなったのは、2006年9月24・25日に行われた1泊2日の社員旅行です。バス1台を借り切って、スタッフの家族も連れ、総勢50名で静岡の淡島と長泉に行きました。

宴会で優秀スタッフを表彰したり、結婚2周年のスタッフに向けて、全員が気持ちを込めたビデオレターを上映したり、そのスタッフに内緒でご両親に書いていただいた手紙を読み上げたり。クルージングやアウトレットモールでの買い物も楽しんで、笑いと涙と感動がある時間を過ごしました。スタッフの家族に会社の雰囲気や考え方を知ってもらう良い機会にもなったようです。

あらためて感じたのは、仕事以外のイベントで家族を感じることの大切さ。同じ場所で同じ時を過ごし同じ体験を共有する。皆で涙を流した瞬間、結束や絆は強まりました。

いろいろなイベントを企画・開催するうちに、人を喜ばせたり感動させたりすることが大好きになっていくスタッフも目立ってきました。また、この頃から患者様やスタッフの家族を巻き込んだ月1回の町内清掃なども始めています。


**塾で学んで、旅行で体感して、社員は大家族主義に共感してくれるようになりました。価値観を浸透させるには、仕事以外のイベントで家族を感じることが大切ですね。**

# よその会社にも素直に学ぶ。

社員旅行の後、スタッフみんなが仲良くなったのはいいのですが、だんだん大家族主義をはき違えるスタッフが出てきてしまいました。「大家族主義＝みんなで仲良く仕事をすること」と。これは間違っています。

その頃には整骨院は9院、スタッフは45人になっていました。僕は何か違うなと思いながら仕事をする毎日。でも、みんなは毎日楽しそう。そこで、他にどんな企業が家族主義の経営をしているのか調べてみました。

非常に参考になったのは、メリーチョコレートカムパニーの社長（当時）である原邦生さんが書かれた『社長の力で会社は元気になる！』です。

ご存知の方も多いでしょうが、メリーチョコレートカンパニーは2月14日バレンタインデーにチョコレートを贈る習慣を日本に根付かせた企業です。ここでは「会社をひとつの家庭」ととらえて「社長は親、社員は子供」という考えに基づき、家族的経営を展開しています。

家族的経営を進める理由はこの4点。

- 安心して仕事に取り組むことができる
- 人生設計が立てやすくなる
- 社員同士の関係が深まる
- 長期的視野で仕事ができる

また、変化を見極める「衛星の目」「鳥の目」「虫の目」の3つの視点、長期・中期・短期の計画を立てる「七五三経営」についても書かれていました。興味がわいた方は、実際に原さんの本をお読みいただければと思います。僕の場合はこの本を読んで、自分自身のやるべきことが明確になっていきました。

**他社に学ぶ。素晴らしい考え方や仕組みは参考にする。それは問題解決の近道です。**

## 「夢しか実現しない」

会社の現状に合うセミナーを探していました。船井総研の石田和之さんに勧められて手にしたのは、居酒屋てっぺん主催の福島正伸氏「夢塾一期生」募集チラシです。半年コース30万円。「高いなぁ」と思いながらも、現状を変えたくて塾に入りました。特にそれまで福島先生のことも知らずにいたのですが。

第一声が「夢しか実現しない」。何を言っているのか意味不明でした。でも、聞いているうちに、福島先生の話し方や考え方に引き込まれていき、追加で福島先生の「リーダー塾」にも申し込みました。僕はこのとき、勉強に飢えていたのだと思います。社員旅行の後、社員たちが仲良し集団になっていくのをなんとかしたくて。

2007年の2月に参加した「リーダー塾」。そこではリーダーの役割や自立型人材の重要性を教えられました。自立型人材を育てる重要性を意識し始め、SV（スーパーバイザー）であるスタッフにもその塾を受講させ、リーダーが示すべき見本・信頼・支援を徹底的に学んでもらいました。

「夢塾」では、夢を持つことの大切さを説いていました。

その時の当社は整骨院7院、スタッフは35人でしたが、これが倍になったらどうなるのか考えました。今の仲良し集団ではいけない。危機感を覚えながら真剣に学びました。

当時もたくさんの本を読み、未来計画が固まっていないことが問題だと気づきました。そこで、短期・中期計画を見直し。自分と家族の年齢を書き入れながら、会社の5年計画を立てました。5年後に15院、スタッフ70人に拡大する。そのために会社をどう進化させていくのか。目標を決めて、計画を立てたとき、もう一度、理念を見直す作業に入りました。

**今はもちろん「夢しか実現しない」の意味がわかります。本気の夢があれば、目標を決め、計画を立て、努力をする。そして、夢が実現するのです。**

# 会社とは、ひとつの家庭。

未来を見つめて〈HSの3つの柱〉を決めました。

1. 想い：大家族主義

2. 理念：ルール・家訓

3. 利他の精神：相手のために何ができるか？ 自分のことより相手のことを考える

まず、想いがなぜ「大家族主義」なのかを説明しましょう。

僕は会社をひとつの家庭ととらえて「社長は親、スタッフは子供」という考えに基づいて経営をしています。社長である僕は、我が子に接するのと同じ気持ちでスタッフに接し、その幸せを願い、毎日イキイキ楽しく働いてもらいたいと考えています。当然、スタッフが道から外れれば本気で叱り、努力をすればほめます。このようなことを続けることで、スタッフは徐々に意識が変わり、トップの想いは必ず通じます。

スタッフが安心して働ける環境も必要です。そこで当社では、きちんと社会保険を導入し、勉強会を充実させ、スタッフ交流の場もたくさん用意しています。

長く働いてくれるスタッフがいるから、当社は今のような風土や文化を築いてこられたし、それを未来につないでもいけます。だから、そんなスタッフには院を任せられるようなチャンスをあげたいと思っています。

各整骨院では「チーム＝家族」という考えの下、「新しいスタッフが加われば、自分の兄弟が増えたかのように大切にすること」としています。地方から勤めに来るスタッフには、住む所を先輩が一緒に探して、「近所のどのお店が安い」などと教えてあげたり。ホームシックにかからないように、いろいろな相談を上司にできるようにもしています。

**大家族主義でスタッフ同士の関係は深まっていきます。家族の基本はチームプレーなので、情報交換や協力関係は欠かせない。その中で一生の仲間をつくってほしいと願っています。**

## 大切なことは言葉にする。

柱の2本目は「理念：ルール・家訓」です。

たくさんのスタッフが集まって仕事をする上で大切なのは、やはり「理念」だと思っています。そして、他の人と一緒に仕事をするのに「ルール」は必要です。

当社の大家族主義で言うと「家訓」は、家族が守らなければいけない絶対的「ルール」なのです。毎朝、朝礼で次の〔基本理念〕を唱和し、スタッフひとりひとりに落とし込んでいっています。

〔基本理念〕

1．ビジョン：「人々の生活に密着した地域医療を目指す」

我々ひらい整骨院は、医療従事者として常に優しさを持ち続け、高度な医学知識と技術で患者様を治療し、安心を与え、住民に奉仕する。

2. グループスローガン：「たくさんの笑顔のため」
地域で信頼され、たくさんの笑顔のために働くグループになろう。

3. グループミッション：
「地域密着医療を通じて社会に貢献」「人間として成長」

4. スタッフの仕事の仕方に対する合言葉：
「仕事を通じて喜びや感動を与える職場を目指す」

5. 私たちが目指すもの：
「会社の繁栄」「患者様やスタッフの幸福」「関連会社様・取引業者様の繁栄」

**会社にとって大切なことは、明確に言葉として書き記す。そして、それを社員全員が毎日毎日、口にするにすることによって確実に浸透していきます。**

# 利己的な人間より……。

最後の3本目の柱は「利他の精神：相手のために何ができるか？　自分のことより相手のことを考える」です。

我々治療家は専門学校で3年間勉強して柔道整復師または鍼灸師の国家試験を受けるのですが、学生である間は自分のために勉強しています。自分が国家試験に合格するために勉強して、利己主義になりがちです。

資格をとって当社で働くときには、自分のために働くのではなく、患者様や仲間、自分のお父さんやお母さんなど、誰かのために働いてほしいと、スタッフには言っています。利己的な人間であってほしくないので「利他の精神」の大切さを教えるわけです。自分が何のために治療家になろうと思ったのかを、常に忘れないでいてほしいと思っています。

たいていは自分の技術や知識で人に尽くしたいと考えて治療家を志すのですから。

仕事で苦しいときはいっぱいあります。そんなときにも「何のために今がんばっているのか」と考えてほしい。将来の開業のためでもいいし、好きな人と結婚するためでもいい。頑張る目的を見出してほしいのです。

また「誰のために頑張らなければいけないのか」も考えてほしい。新入社員に聞くと「お母さん」と答える人が多いので、本当に苦しいときには母親を思い出すように言っています。「お母さんが応援してくれている」「お母さんに認められよう」と思って頑張れば、モチベーションが上がっていきます。結婚しているスタッフには奥さんや子供の顔を思い浮かべてほしい。家族を思うと責任感が生まれ「やらなきゃ」と力がみなぎってきます。

**社員全員に利他の精神の心を持った治療家になってほしいと願っています。じつは自分のために働くスタッフより、誰かのために働くスタッフの方が、より速くより大きく成長します。これは他の職種でも言えるのではないでしょうか。**

## ひとりひとりが自立型人材になってほしい。

大家族主義では励まし合いしながら「自立型人材」を育てます。その自立型人材とは？

当社における〔大家族主義における自立型人材の4段活用〕を説明しましょう。

● 新入社員・一般社員 ……………… 自分で考えて行動する
● 主任・院長 ………………………… 自己責任
● SV・統括 …………………………… 挑戦する、立ち向かう
● 代表 ………………………………… 謙虚になる、素直になる

まず「自分で考えて行動する」ことから入ります。挨拶ひとつをとっても依存型人材は毎回「おはようございます」の繰り返し。自立型人材は患者様の名前と顔が一致してきて「〇〇さん、おはようございます」と言えるようになり、自分の名前も覚えてもらえます。

率先して名前を呼ぶ。指示待ちにならず、自ら考えて行動を起こす習慣が大切です。

主任・院長には「部下の責任は自分の責任」と言えるかどうかを問います。たとえば、新人スタッフに対してクレームが入ったとき、もちろんその新人も謝るのですが、上司が先頭に立って謝る。すると新人は「この上司のためにもっと頑張ろう」「自分もこんな上司になりたい」と思うのです。上司は見本を見せることが求められます。

SV・統括は、いつもいろいろなことに「挑戦する」姿勢を部下に見せていくこと。仕事は毎日毎日の積み重ね。マンネリ化しがちです。そこで「もっと良くしていくためには」と知恵を絞り実行する姿勢が大切になってきます。

最後の「謙虚になる、素直になる」。これは「おごらず、謙虚に素直に」と僕自身に言い聞かせているものです。上司に謙虚さや素直さがないと、部下も謙虚で素直にならない。これは〝鏡の法則〟だと思って実践しています。

**業界を問わず求められるのは自立型の人材。「自分で考えて行動する／自己責任／挑戦する、立ち向かう／謙虚になる、素直になる」この４段活用をぜひ試してみてください。**

## 「心を裸にしよう会」

リーダーの重要性に気づいてから、相手のことを知る「心を裸にしよう会」を始めました。主任以上のスタッフを15人集めて、毎回3人、各20分間で自分の過去をさらけ出してもらいました。その中から、現在山手エリアSVの宇佐美慎吾の話を紹介します。

栃木県雀の宮出身の宇佐美は高校卒業後、電設関係の会社で働いていました。ある日、車で移動中に正面衝突。右脚を骨折してしまいました。入退院を繰り返しリハビリに励んだものの、脚は以前のようには戻らず、後遺障害の認定を受けることに。このリハビリの体験があって、25歳のときに治療家を志したそうです。

東京医療専門学校に3年間通い、昼間は鍼灸、夜間は柔道整復師の勉強。卒業後、28歳で当社に入りました。僕には他のスタッフと表面的な付き合いしかできていないように見えました。宇佐美を飲みに誘って話してみると「後遺症を負ってからは親や友達に甘えないようにしていました。それから本音で話せなくなったんです」と。

僕は「壁をつくるから、院のチームワークがバラバラになる。そんな人間の下では誰も働きたいと思わない。自分のためでなく、産んでくれた親や仲間のために仕事をしろ」と諭しました。宇佐美はケガをしてからは親に贈り物をしたことがないと言うので、ご両親が欲しがっているデジカメと一緒に、プリンター、そして育ててもらった感謝を込めた手紙をクリスマスに贈ることを提案しました。

宇佐美は本音で話をし始めてどんどん変わっていき、後日、院のみんなに自分の過去を話して、涙を流しながら謝ってくれました。クリスマスには栃木の実家に帰り、親にプレゼントを。手紙を読んだ母親は涙を流し、父親も涙を浮かべていたそうです。宇佐美は両親の涙を見て、感情が心の底から込み上がり号泣してしまったそうです。

**感謝の大切さを、僕は宇佐美のエピソードから身にしみて感じました。普段、強がっている皆さん、心を裸にしてみませんか？　感謝を素直に表現してみませんか？**

第四章

# 学びに
# 終わりなし。

# 学びは自己投資。

2007年の2月から8月まで通った福島正伸先生の「夢塾」では貴重な出会いがありました。塾生は40人。僕はいつも後ろの席に。そこで仲良くなったのが、静岡の島田市や藤枝市で居酒屋さんを5店舗経営している「おかむら浪漫」の岡村佳明さんです。ある日、岡村さんは(株)プリンセステンコー&リゾートの澤村正一さんをゲストとして連れて来ました。

塾が終わった後、3人で飲みに行き、年齢的には先輩のおふたりに、今の仕事に就いた理由やこれからの夢を聞かせてもらっていました。そこで、岡村さんが「西田先生って知ってる? 聞くと絶対勉強になると思う。西田塾入りなよ」と言います。僕は西田文郎先生の名前しか知りませんでした。

澤村さんも「岡村さんに紹介されて会ったら、すごい人でさ、次回の西田塾になんとか日程を合わせて行こうと思って」と言います。それで「僕も行きます」と言ってしまった。けれど、受講料を聞くと「88万円」。「行く」と口にしてしまった手前、後には引けません。お酒の勢いも借りて「澤村さん一緒に行きましょう」と盛り上がってしまいました。

夢塾に30万円払いました。今度は88万円です。妻に言えないまま数日が経過しました。7月のある日、インターネットでは西田塾を調べてみるとホームページに「9月から18期生募集」とあります。妻には内緒で応募してしまいました。

それからはすごい経営者に会えるとワクワクする日々。問題は妻をどう説得するかです。「どうしても勉強したい先生がいるんだけど。脳の勉強でスポーツとか経営者の人に影響を与えている先生らしいんだよ」と妻に話すと、やはり値段を聞かれました。正直に答えると、妻は「そんなに高いの？　この前30万円払ってまた88万円」。僕は「じつはもう申し込んだから払っといて。これ請求書」と逃げて、西田塾で学ぶことに成功しました。

**僕の場合、88万円は価値ある自己投資になりました。高額な受講料に迷うときは「何を何のために学ぶのか」考えてみる。それと誰かから体験談を聞いてみると良いですね。**

# 「世の中をピンク色に変える」

夢塾修了2カ月前。いつものように一番後ろで聞いていると、普段は一番前で受講している吉井雅之（ナニメン）さんが遅刻をして入ってきました。この時期にようやく名刺交換。僕は普通に「星野です。よろしくお願いします」と言ったのですが、吉井さんは「世の中をピンク色に変えるナニメンです」。また、意味のわからないこと言う人だなぁ、というのが初めの印象でした。（ナニワのメンター＝ナニメンと後で聞きました）

夢塾では卒業前に「ドリームプレゼンテーション」をします。10分間でストーリーを描き、その夢をみんなで応援し実現させようというものです。4人1組でチームをつくることになり、たまたま近くにいた4人で集まって、その中にいたナニメンさんの夢を応援することになりました。聞けば、セミナー講師としても活躍されていて、「人間に能力の差なんかはなく、人は習慣の違いで人生が変わっていく」という考えを持っていました。

卒業後も「第2回ドリームプランプレゼンテーション」にナニメンさんが出場し、僕も支援者としてかかわらせていただき、みごと「共感大賞」をとりました。

この「ドリプラ」の打ち合わせの場は、豊島区の南大塚にあるナニメンさんの事務所。ここで過ごして3年目のナニメンさんは「大塚の町はまだ活気があるよ。元気なお年寄りもいっぱいおるし。星野さんの仕事に合ってる街やと思うよ」と教えてくれました。

数日後、大塚で整骨院の店舗を探し、2カ月後の11月に「ひらい整骨院大塚院」を開院。セミナーでの出会いのおかげもあり、会社はどんどん大きくなっていきました。また、他の人の夢を応援する素晴らしさも知り、僕ももっと大きい夢を描き始めました。

**「世の中をピンク色に変える」とは「大人が夢を語る世の中になったら、透明な空気がピンク色に変わる」ということです。僕は習慣形成・凡事徹底として毎日メルマガを書くきっかけをナニメンさんからいただきました。おかげでたくさんのご縁が生まれ、感謝しています。**

## 「経営者は未来の話をしろ」

夢塾が終了した後、2008年9月から翌年2月まで毎月1回、西田文郎先生の「西田塾18期」で学ぶことになりました。さらにたくさんのことを吸収して、人間的にも大きくなっていきたいと、僕は期待をふくらませていました。

実際、身についたのは「ナンバー1理論」「ツキの大原則」「脳の思考」等々、たくさんのこと。これからの生き方も考えさせられ、経営者としてブレない軸をつくっていくことが、ひとつの課題として見えてきました。

西田先生の話は毎回しっかりノートに書きとめ、そのノートを当社の社員研修に使いました。社員に話を伝えることで、どんどん腹に落ちていく。その繰り返しでした。

忘れられないのは、第1回目の塾が終わった後の懇親会。西田先生に自分の過去を話したら、「経営者は未来の話をしろ」と一喝されたこと。おかげで現状から未来を考えることの大切さを痛感しました。西田先生から学びを得て、自分の可能性を今まで以上に信じられるようになったと言えます。

また、この塾でたくさんの経営者仲間と出会えたことも財産です。(株)プリンセステンコー&リゾートの澤村正一さん、アイシーズ(株)の宮内修さん、(株)池の平ホテルの矢島佳代子さん、ステップ(株)の西田洋之さん、(株)シンヤの新谷眞康さん、等々。特にステップの西田さんとは、それからも互いに学び高め合う関係になっていきました。

同期だけでなく、西田塾ファミリーと呼んだらいいでしょうか、西田塾OBの方々とのつながりもたくさん生まれました。さまざまな出会いをきっかけに、もっと自分の会社を良くするには……と考え、実践していったのもこの時期です。

**過去を反省したり分析したりすることは大切ですが、経営者は未来を語らなくてはいけません。何を目指すのか夢を描き、計画を立て、社員を導き続ける経営者がいて、会社は発展していきます。**

# 「人は大切な人に迷惑をかけている」

西田塾での学びの中で、特に印象深いのは「気づきの法則」です。教えていただいたのは、こういったこと。

人は「大切な人に迷惑をかけ、大切な人を裏切り、大切な人に嘘をついている」地球上唯一の動物です。「人に迷惑をかけたことがない人」「人を裏切ったことのない人」「人に嘘をついたことがない人」はこの世に存在しない。その愚かなことをして生きてきてしまったという「愚かな自分に気がついた人」は、それまでの生き方を心から悔い改め、新しい自分をつくろうとし「謙虚」になります。しかし、その大切なことに、死ぬまで気づかずに生きてしまう人がいるものです。そのような人はいくつになっても「感謝心」がなく、自分勝手で傲慢になってしまう。それは「価値観」の優先順位の一番が自分で、感謝の心が生まれないものの考え方をしており、一番大切にしなければいけないものを大切にしないで二の次に考えているからです。

なるほど。

「気づき」の原点はココですね。〝愚かな自分に気づいたときに「謙虚」になる〟

以前の僕は、「価値観」の優先順位の一番が自分自身でした。人にやってもらって当たり前。「感謝の心」があまり生まれていませんでした。それが、本当に自分ひとりでは何もできないと感じてから、また、自分の愚かさに気づいてから、「相手が、仲間が」と考えるようになりました。

今ではたくさんの仲間が増えて、会社の風通しが良くなりました。

**自分は大切な人たちに迷惑をかけながら生きてきた。そう気づいてから、僕は謙虚になりました。今は人に与えることに喜びを感じています。西田塾で教えていただいた「他喜力」を実践しています。他喜力とは、西田先生による造語で、「他人を喜ばせると自分の力になる」という意味です。**

## 「人前で話せない経営者って求心力がない」

２００８年9月からはサンマーク出版主催、中村文昭さんの「ご縁塾」にも行きました。もう、当時は学びばかり。文昭さんは体験を踏まえ、人とのご縁でどう変わっていったのかを落語調で話し、若い人から年配の方まで大勢の心のスイッチを入れていました。

ここで出会ったのは小西正行さん。当時36歳で、(株)スペースアップというリフォーム会社を立ち上げ、毎年増収していきながら、(株)ソリューションというコンサルティング企業も展開。従業員を１００人以上雇用していました。

小西さんは休み時間になるとパソコンを出し、人を寄せ付けないオーラを放っていましたが、塾の学びで同じ組になったとき「自分の会社には『夢・感動・安心』というキーワードを提供する〝Four happiness〟がある」と理念経営の話をしてくれました。

この塾に来たのは、自分もセミナー講師をするので話し方を学びたくて。くわしく聞くと「27歳まで人前で話すことが苦手だったんです。小学生のときに国語の朗読を決まって失敗して笑われて。それから人前に立つと赤面症に……」。克服までの道は「自分が24歳のときに10年後、年商100億の会社つくるぞって夢を描いたんですよ。当時、年商3000万円の会社でしたけど。その夢を描いたときに、人前で話せない経営者って求心力がないって悩んで……。その3年後、セミナー講師としてデビューしたんです。足ガクガクでしたけどね。自分の夢を叶えるために、行動するしかないと思って」

僕にも「何店舗も増えて従業員が多くなったら、人前で話すことがいっぱいありますよ。それ、克服した方がいいですよ。始めからうまくいくことなんかないんですから。場数ですよ」とアドバイスをしてくれました。

人前で話せないと経営者の求心力は確かに落ちます。僕は小西さんの言葉で「人前で話せる自分になる」と決めました。それからはご縁塾で文昭さんの話のツカミ・リズム・展開などを研究。小西さんの会社の公開朝礼にも社員を連れて勉強しに行きました。

## 本社に欲しいセミナールーム。

2009年の夏に中古の本社ビルを購入しました。

じつはその2年前に夢を描き、「10年以内に1階が治療院、2階が事務所、3階が教育施設（セミナールーム）、4階が託児所になるようなビルが欲しい」と紙に書きました。社員が増えて、どうしても社内に教育施設が必要だと感じていたからです。

以前は、直接売上につながらないところに経費を使うのはもったいないと考え、事務所も賃貸で間に合わせていました。しかし、ネッツトヨタ南国さんやホンダクリオ新神奈川さん、京都のヒューマンホーラムさんなどを会社訪問させていただき、社員教育を自社で行う会社はセミナールームを持っていると気づいて憧れていました。

ある日、自宅の郵便受けに中古ビルのチラシが。僕は「まだ本社は早いんじゃない？」

と思いましたが、妻が「ひらい整骨院の本院の裏だし」と言ってくれるので、すぐ見に行きました。平井駅北口に近く、整骨院にも近く、欲しいと思っていたような間取りでした。帰って早速、妻に報告。次の日は銀行で融資の相談をして買うことを決断。3日後には不動産に申し込みました。ホントにスピード購入です。（高い買い物ほどスピードが大切だと考えています。自分が欲しいと思ったものは、欲しいと思っている人が必ず5人以上はいると、いつも思っているので）

7月に購入し、リフォーム後の9月から使うことに。1階は「ひらい北口鍼灸院」、2階は事務所、3階は教育施設（セミナールーム）、4階はゲストハウスにすることにしました。

9月6日の本社設立パーティーでは、尊敬するNPO法人アジア・チャイルドサポートの池間哲郎先生と㈱ヒューマン・パワー・イノベーションの須田達史さんにオープニングセミナーを開催していただき、たくさんの方に参加していただきました。この日が新しいHSコーポレーションの出発点です。

**自社でセミナールームを持ち、スタッフにビジョンや理念を浸透させたい、技術の勉強会も開きたいと思っていました。それが叶い、社員の意識も技術も向上しました。**

# スタッフ教育も経営者の務め。

本社にセミナールームを用意して、新人教育もしやすくなりました。

毎年、当社にも全国からたくさんの学生さんから応募があり、20人以上の新入社員が入社してきます。本当に感謝しています。ＨＳコーポレーションに興味を持っていただき、ここで働きたいと思っていただける。このご縁をすごく大切にしたいと思っています。

当社が求めているのは「即戦力」や「学校の成績優秀者」ではありません。前向きな心を持ち、素直な人。何事にも一生懸命になり、家族や仲間を大切にする人が理想です。

入社してきた若者には「ここからが家族の始まり」と、社会人のイロハから人として大切なこと、治療家として必要な知識・技術を教えていきます。

僕も3人の子供を持つ親として、地方から我が子を送り出す親の気持ちがすごくわかります。「変な会社じゃないだろうか?」「就職先として大丈夫だろうか?」など、心配が尽きないでしょう。そんな不安を少しでも解消できればと、入社前に新入社員の親御さんに手紙を書きます。当社の紹介をし、これから一緒に働くことへの感謝を書き、そして、入社するお子さんに手紙を書いてくださいとお願いします。

その親御さんからの手紙を入社式で読みます。スタッフの中には、お父さんやお母さんからの言葉を聞いて涙する人もいます。そこで両親に感謝してほしい。僕は新入社員にはまず親への感謝を教えていきます。苦しいときには親からの手紙を読み返すようにアドバイスします。そして、自分のためではなく、ここまで育ててくれた両親のために仕事をすることを教えます。その後は、自立型人材になるように指導。大家族主義の真価は、人を応援する風土をつくりながら、自立型人材をたくさん育てることにもあるからです。

**親は自分の子供に対して、自立して最後には親の元から巣立ってほしいと願っているはずです。僕は社員に自立型人材になってほしいと願っています。だからたくさんのことを僕自身が教えていきます。それが大家族主義を掲げる経営者の務めです。**

## 「聞く」より「与える」で成長していく。

セミナールームが頻繁に空いているので、何かに活用できないかと考えました。それが現在行っている「HSセミナー」（異業種セミナー）の始まりです。

過去5年間の学びを通じて、たくさんの熱い経営者とご縁ができていたので、その方々に経営ノウハウや自社で実際に行っていることを話していただくことにしました。

2000年10月、第1回として、会津通商の今井司さんとサンドライの高橋典弘さんに講師を依頼。40人以上の方が話を聞きに集まってくれました。僕は「このような情報はみんな知りたがっている」と思いました。業種が違っても、やはり問題は人間関係であったり、他社の取り組みが参考になったりするからです。

そこで毎月セミナーを開き、いろいろな業界の方に講演の依頼をしました。セミナー後には懇親会を開き、参加者が異業種の方々と親睦を図れるようにもしました。

告知は僕が毎日発信しているメールマガジンだけ。それなのに2010年度だけで当社に2000人が訪問してくれました。僕は「学ぶ」喜びよりも「主催して喜んでもらう」喜びが大きいことを知りました。どんな人に話をしてもらえば皆さんに喜んでもらえるだろうかと懸命に考え、「与える」ことで自分自身が成長していくのがわかりました。

2年目からは趣向を変え、プロのセミナー講師を招きました。よそで「この人の話は他の人にも聞いてほしい」と思う人を見つけると、招いてマンネリ化しないように努めました。結果、江戸川区平井のHSコーポレーション本社に全国からたくさんの方が訪れ、社は参加者同士が仲間をつくるコミュニティーにもなっていきました。

でも、社内にセミナー事業部をつくろうとは考えていません。あくまでも僕は本業重視。できる範囲でセミナーを主催して、来ていただいた方に喜んでいただこうと思っています。

**セミナーを主催する側になって、本当にたくさんの方とご縁ができました。自分が外で学ぶより、主催することで学ぶことの方が大きいと感じています。**

## 「投げたものしか返ってこない」

仕事をしていて一番辛いのは、スタッフから「ちょっと話があるんですが」と声をかけられるときです。今でもドキッとしてしまいます。じつは2010年に院長クラスのスタッフが6人立て続けに辞めていったのです。やはり不平不満があったのだろうし、このままではいけない、と考えていました。

そんなとき、平井南口にある「はなの舞」店長の岡村定文さん主催で、美容室バグジー久保華図八先生のセミナーがありました。バグジーの研修を10年以上担当している北田礼次さんも来ていたので、スタッフが辞めることについて相談させてもらいました。

北田さんは丁寧に答えてくれました。「バグジーもじつはDO ITのDVDに出ていたスタイリストは皆、独立していきました。バグジーも入れ替わりの時期です。そのスタイリストに辞め方が大事、って言うけど、バグジーの近くでお店出す子もいますよ。やっぱり自信がないんでしょうね……」

辞めていくスタッフについて尋ねると「必ず、理由を聞きますよ。それと、バグジーの良かったところも最後に言ってもらいます。するとね、こんなところが良かった、あんなところも良かったって言います。僕が、それでもバグジー辞めるん？って言うんですよ。そうするとね、バグジーを超えるものをつくりたいって言います。それで、そんなに近くでお店出すの？　おまえに久保さんは超えられないよって言うんです。やったものや投げたものしか返ってこないって。それぐらい、辞め方って大事ですね」

また「久保さんはブレない。今、いるメンバーでなんとかする。もっとバグジーを良くしようと美容室の出店もしてますしね」とも教えてくれました。

6人もいっぺんに「辞める」と言ったときには、さすがに僕も動揺しました。でも、北田さんと話し、僕自身が投げたものが返ってきただけなんだとわかり反省しました。その後は、もう一度スタッフと家族のような関係を築いていこうと心がけてきました。

## 続けること。

僕は北田さんに当社の社員研修をお願いし、バグジーの久保さんとかかわって成長したい、そして会社を良くしたいと考え、福岡の北九州市にある美容室バグジーを見学に行きました。２０１０年11月30日のことです。アテンドをしてくれたのは北田さん。バグジーでは、やっぱりみんなイキイキ働いてるなぁという印象でした。

夜、ビジネスホテルに荷物を置きに行くと、手紙がありました。

ＨＳコーポレーションの星野様

今日は東京から来ていただきありがとうございました。

これで疲れを取ってください。

手紙と一緒にリポビタンDならぬクボビタンDが机の上に置いてありました。それを見たとき「ここまでするんだ！」と感動しました。本当にホスピタリティの精神がすごい。

翌日は熊本の南小国にて毎月行われている「楽心会」。早めに行って北川先生に「会社を継続させるためにはどうしたらいいですか？」と質問しました。

北川先生は「うん……。言わない……。どうせ言ってもできないから。続けなさい。久保くんは10年かかったんよ！」バッサリ切られてしまいました。

続けなさい？目が点になってしまいました。

その後、北川先生のお話が始まり、聞いているうちに意味がわかりました。

努力とは続けること。ルーティーンを続けることが大事。また、努力する楽しさを覚えること。始めたら、神の応援が確認できるまで続けること。自分自身の中にマイ・ルールを持ち続けること。


**続けることの大切さを改めて感じました。北川先生に「あなたは努力してますかぁ？」と言われたようでした。本当に、人と会うことで自分が変化していくのがわかります。**

第五章

# イベントは
# 本気で
# 取り組む。

# 喜んでもらってこそ達成感。

当社では2009年の1月より、地域密着活動の一環として、また、患者様とふれあい、皆さんに元気になってもらう企画として「餅つき大会」を始めました。

準備に関しては未経験の人間が多く戸惑いもありましたが、「200人大集合！」を合言葉にたくさんの方々に参加していただきました。各スタッフが率先して患者様を誘導したり、餅つきの準備をしたり、マメにいろいろな方に連絡をしたり。みんなで盛り上げようという想いが、どのスタッフからも伝わってきました。

何人かの患者様からお手紙をいただきました。Aさんからはこんなお話です。

「先日は大変ごちそうさまでした。

先生方の心遣いをいただき、美味しいお餅をいただき嬉しく思いました。

現場に行くまで随分どうしようかなと考えましたが、伺って良かったと本当に感謝です。寒空の中、先生方が一生懸命ついてくださったお餅の味は格別でした。本当にありがとうございました。先生方、お疲れ様でした」

そしてBさんから。

「主人が手術をした後、二人で散歩がてら、みなみ院に通っていましたが、昨年他界してしまいました。今回の餅つきの話を聞き、先生方の餅つきを見せてやりたくて、主人の写真をカバンにしのばせて行きました。私だけでなく、主人の分も持ち帰り、仏壇にあげることができ、先生方の慣れない腰つきを見て、楽しいひとときを過ごすことができたことを感謝しています」

**反省点はたくさんあったと思いますが、患者様や地域の人たちに喜んでもらい、スタッフには達成感や感動があり、たくさんの笑顔が広がりました。このイベントをきっかけに、相手を思いながら行動するスタッフが増えていきました。**

# 子供たちには無限の可能性がある。

僕は社外でたくさんのセミナーに参加する一方、自社で様々な試みを行ってきました。そのひとつは「中学生の職業体験」。２００９年1月より、地域の中学校職業体験の場所として登録しています。やって来るのは中学2年生5～6人で、体験は5日間です。

初日に夢を持つことの大切さを伝え、夢について考えながら職業体験をしてもらいます。9時から12時までは整骨院で助手業務を行い、お昼はスタッフと一緒にご飯を食べます。13時から15時までは毎日内容を変え、理念の話やマッサージ、テーピング、鍼灸の実技指導などを受けてもらいます。

最終日の午後には夢の発表会。以前から夢を持っている子もいれば、机に向かって2時間考える子もいます。僕は発表会をきっかけに、夢を口に出す習慣をつけてもらいたいと思っています。職業体験に参加した中学2年生が書いた作文の一部を紹介します。

「今回のチャレンジ・ザ・ドリームでは人として成長しました。始めは整骨院のお手伝いと軽く考えていました。けど、5日間でわかったことは、仕事って思っているほど簡単じゃないということ。お母さんに肩もみを頼まれても『何の御褒美もないのにやらないよ』って思っていて、最近やっていなかった。でも、仕事の難しさを知って、僕は生まれたときから御褒美をたくさんもらっているじゃないかと感じました。次にお母さんに肩もみするときは、やらされている感じじゃなく、恩返しのつもりでやります。5日間ありがとうございました。」

僕らは職業体験を通じて地域の中学生を元気にしたいと願っています。子供たちには無限の可能性があることに気づいてほしい。また、5年、10年と続けることで、当社に入社してくれる子も出るんじゃないかと、じつは期待もしています。

**たった5日間で子供たちはすごく変わっていきます。成長する姿が見られて、僕たちもやりがいを感じます。だから職業体験をこれからも続けていきたいと思います。**

# めざせ、人生最大のサプライズ！

当社らしい試みとして「大家族旅行」があります。

2009年4月3〜5日、まだ雪が残る白樺湖・池の平ホテル。社員には「2泊3日での会社方針説明会」と伝えていました。会社方針説明会には社員全員とその家族も参加します。ただ、今回は全員に正装を義務付けました。「なぜ社員旅行なのに正装なの？」と、何も知らない社員からは不満の声も上がりました。

社員はスーツを着て革靴を履き、子供たちは学生服や幼稚園の制服でバス2台に乗り込みました。降りしきる雪の中を半日かけて会場に到着。そこで「じつは……」と明かしました。ホテルで準備してくれていたのは、本物の披露宴のような演出でした。

主役となる社員は八重樫敬。この年の4月から奥さんが鍼灸の専門学校に行くことになり、前の年に実家のある岩手県で身内だけの結婚式を済ませていました。披露宴を開けなかった新郎新婦のために「社員旅行」と称して「披露宴」を用意したのです。

司会は僕が担当。八重樫の小さい頃の写真から現在頑張っている姿までをDVDにして映像を流しました。お父さんから事前にいただいた手紙も披露しました。出席したみんなが感動の涙。もちろん八重樫も感動し、感想文を書いてくれました。抜粋して紹介します。

「この3日間は一生忘れない社員旅行になりました。……これだけの大きいスケールのサプライズは未だ体験したことがありません。しかも4月3日は妻の綾乃の誕生日でした。すごく、ビックなプレゼントでしょう。……私達にとって今回のような披露宴をあげるのが『夢』でした。……本気で喜んでもらいたいという気持ちがすごく伝わり本当に感動し涙が出ました。この感動と感謝の気持ちを胸に幸せな家庭を築きていきます。今度は恩返しのつもりで働いていかなければという思いになりました。……」

**サプライズは社員の感謝と感動を呼び、モチベーションも高めました。これからも人を喜ばせることに本気で取り組みます。**

# 自分の会社だけ良かったらいいのか？

毎年のように出店を続け、2009年4月には13院目の「ひらい鍼灸整骨院 西日暮里院」を開きました。スタッフに関しては、以前は中途採用が中心だったのですが、この年の春に11名の新卒採用を行い、新人を一から育てることにシフトしていきました。

新入社員へのオリエンテーションの日、午前中は僕が理念について話し、午後から当時SVだった磯貝がルール・朝礼・一日の流れについて話しました。当社は大家族主義を実践してから、どんどん良い方向へ進んでいました。

そこで、生まれたのが「自分の会社だけ良かったらいいのか？」という疑問。我々の治療家業界は、横のつながりが少なく業界全体としてまとまりがない、という認識が僕にはあったのです。同じようなことを考えている治療家仲間もいました。

この年の2月に居酒屋てっぺん主催の「夢旅行in熊本」に参加したときのことです。大阪で鍼灸整骨院を何十店舗も展開するトライニンを当時経営していた塩中一成さんと業界について語り合いました。

僕　「今まで、柔道整復師の業界ってあまりまとまりがないよね」

塩中さん「個人で開業してる先生が多いからなぁ」

僕　「次の若い世代に柔道整復師の良さを伝えたいよね」

塩中さん「何か、そんなイベントしたいなぁ」

一方、東京で。治療家に特化した人材紹介会社ファーストサービスの田尻賢さんと整骨院・リラクゼーションを百店舗以上展開するOMGの大平雄伸さんと僕は定期的に飲み会を行っていました。田尻さんは3年前から「田尻会」を立ち上げ、熱い治療家たちと懇親会を開いていました。熊本で会った塩中さんを含め、4人が3月に田尻会で合流。「治療家業界の熱いイベントをしよう」と夢を描き始めました。

**広い視野を持って全体に働きかけると、自分たちにもプラスなことが起こります。**

## 〝敵〟は〝仲間〟に変えられる。

田尻さん、大平さん、塩中さん、僕の4人は「居酒屋甲子園をモチーフにした治療家の大会を開催しよう」と盛り上がりました。「居酒屋甲子園」とは、居酒屋から日本を元気にしたいという想いから、NPO法人居酒屋甲子園が主催している大会です。

いよいよ「治療家甲子園」への道がスタートしました。2009年4月に第1回会合を開くと、全国から熱い治療家30人以上が集合。僕らは開催にあたっての主旨説明を行いました。

しかし、今までバラバラだった業界が、急にまとまるわけがありません。賛否両論、意見があふれ出る状態。それでも、「閉鎖的な業界に刺激を与えていきたい」「治療院で働く人々が誇りを持ち、働く人すべてが輝ける業界にしていきたい」と話し合いました。会合後の懇親会で飲んでいるうちに、みんなが少しずつ打ち解けていったようです。

田尻さんは「近所で整骨院をやっていても挨拶をしない業界の体質。それが治療家甲子園で、業界のためにつながっていくのがうれしいです」と顔をほころばせました。僕も同じ気持ちでした。

敵と思っていた人たちが仲間になっていく瞬間！

業界のためだからこそできるんじゃないかと思いました。

居酒屋甲子園事務局の村上博志さんには、治療家甲子園開催に向けての会合に毎回参加していただき、組織のあり方や作り方を教えていただきました。さらに、理事の選出、理念の作成、未来の姿などについて指導していただきました。本当に多大な協力をしていただき感謝しています。

**昨日まで〝敵〟だと思っていた人たちも、考え方ひとつで〝仲間〟に変えられます。そんな発想の転換は、双方にとってメリットがあると思います。**

## 日本を元気にしよう！

5月に入り、治療家甲子園へ向けて2回目のミーティングを開催。整骨院業界の勇士が10人以上集まって激論を交わしました。

今回のテーマは開催日、目的、理念について。考え込んだのは開催日についてです。「年内に開催するのか、しっかり話し合って作り込んで年明けにするのか」。検討した結果、みんなのモチベーションを維持するためにも年内に開催した方が良いということになりました。「それじゃあ11月29日やりましょう！」の呼びかけに「賛成！」の手がたくさん挙がりました。

２００９年11月29日(日)に「第一回治療家甲子園」を開催することが決定。５００人から１０００人を収容できる規模の会場を探すことにしました。

そして、粗削りですが、次のフレーズを決めました。

●目的：カラダ元気→ココロ元気→ニッポン元気

「治療家から日本を元気に！」

●理念：共に学び・共に成長・共に変わる

●サブタイトル：〜未来の子供たちのために〜

現状、横のつながりがあまりない我々の整骨院業界で、次の世代に何を伝えていけるのか。それを考え抜くのは大切なことだと思いました。

ところで、何を発表するのか？　発表の内容の他、資金、広告、人集めなど、まだまだ話し合うことはたくさんありましたが、この日は一歩踏み出した話し合いになりました。

開催を決めてからは理事メンバーの結束が強くなっていきました。開催まではあと半年しかありません。役割分担を決めて、それぞれが6カ月間突っ走ることになりました。

**業界に刺激を。治療家に誇りを。次世代に何かを。そして、日本を元気に。目的が壮大になっていきました。熱い仲間と力を合わせれば、事は成し遂げられます。**

# 受け身の姿勢では成長できない。

治療家甲子園の開催に向け、参加院を集めていかなければいけません。僕は北海道や仙台にも足を延ばし、各地の治療家に告知をして回りました。

いつも言っていたのはこんなことです。

自分の子供たちが親の仕事に憧れて「柔道整復師を目指したい」「鍼灸師を目指したい」と思うようになってもらいたい。そのために治療家甲子園を開いて10代、20代の若者に「この業界って素晴らしい」と伝えていきたい。子供たちの憧れる職業。やりがいを感じる職業。そんな夢のある鍼灸整骨院業界にしていきたいと思っています。

大会では技術ではなく、治療家としての想いや自院の取り組みを発表します。この大会を通じて、業界の横のつながりもつくっていきたい。治療家業界を誰かに良くしてもらうのを待っているのではなく、自ら手と手をつなぎ業界をもっと良くしていきましょう。これからは本当の意味で自らが創り出す努力が必要になってくると思います。受け身の姿勢では成長はできません。積極的に動くからこそ成長していける。ぜひ治療家の先生方に力を貸していただきたいと思っています……。

と、話せば共感はしてくれるのですが、なかなか参加申し込みまでには至らず、地方の治療家の方々との壁を感じました。地方の大変な状況も聞いていました。人口が減少し、商店街のシャッターが閉まる中、多くの治療家が目の前の患者さんに一生懸命治療をしているのが現状のようでした。しかし、そんな話を聞くたびに「必ず治療家甲子園を成功させなければいけない」と想いをより強くしました。

理事メンバーたちが精力的に仲間の治療院に声をかけ、結局、第1次予選には鍼灸整骨院321院のエントリーを集めることができました。

**受け身の姿勢では成長できません。誰かが事態を改善してくれるのを待っていないで、自ら物事を変え、そして、自分もどんどん成長していきましょう。**

## 使命を語れるか？

治療家甲子園の第1次予選では、院長の想いや自院の取り組みを作文形式で提出します。審査員が内容を判断し、25院が2次審査に。これは映像審査で、自院の特徴を紹介する映像を提出します。そして、審査の後「壇上6院」が決定します。

当社の「ひらい整骨院 西日暮里院」もめでたく檀上院に。それまで僕は指示を出していなかったので、スタッフ自ら檀上院の座を勝ち取ったわけです。僕らは「大家族主義で人がどう変わっていったのかをプレゼンしよう」と2カ月間の準備を始めました。

2009年11月29日に虎ノ門のニッショウホールに約800人の治療家が集結。第一回治療家甲子園が開催されました。僕らは緊張と楽しみが半々。プレゼンは次の通りです。

「以前の私は自分のことや家族のことだけ考え、それでいいと思っていました。そんな私が大家族主義を掲げています。きっかけは父親の死。8年前でした。……（中略）……仕事とは、家族のため、両親のため、スタッフのため、他人様のため、社会のためにお役立てすることだと気づかせていただきました。そして、大家族主義に行き着いたのです。会議のときにスタッフみんなの前で謝りました。みんなに感謝していなかったことを。父との関係のことなどを。これからはスタッフみんなと本当の家族のように接していきたい。私は父親を尊敬できたことで、心の中の何かが変わっていきました。私はスタッフが輝き、その子供たちが大きくなったら『お父さん、お母さんみたいになりたい』と思うような会社をつくっていきたい。それが、大家族主義！ 私の使命です」

約20分間のプレゼンが終了。結果は……最優秀院。正直、複雑な思いがありました。自分が言い出した大会で最優秀賞に輝いてしまったので。しかし、来場してくださった方々が大会を「良かった」「勇気をもらった」「勉強になった」と言ってくれて嬉しかったです。全国の熱い治療家同士がつながり、大会については成功に終わったと言えます。

**僕の使命は大家族主義を貫くこと。最優秀院になっても何も変わりません。**

# 支えてくれた人たちに恩返し。

再び、社内イベントのお話。

当社では2009年から毎年12月23日に「クリスマス会」を行っています。結婚しているスタッフも普段夜遅くまで仕事をしてくれ、奥さんや子供たちに迷惑をかけています。それでクリスマス会に家族の方を招待して「今年1年間ありがとうございました」と会社から感謝を伝えています。

また、スタッフの奥さん同士、子供同士の交流もこの機会に図ってもらっています。僕には「スタッフだけではなく、その家族も自分の家族の一員」なので、スタッフの奥さんに会社の雰囲気や風土、理念を知ってもらいたいとも思っています。

クリスマス会に集まるのは総勢30人から40人。あらかじめ子供たちが欲しがっているプレゼントを聞いておき、僕の妻と事務のスタッフ、河戸美紀さんにインターネットやおもちゃ屋さんで購入してもらっています。小さい子は仮面ライダーのベルトやトミカのおもちゃ。小学生になるとゲームソフトなどです。スタッフには「クリスマスプレゼントをあげることで子供の夢を叶えよう」と言っています。

会場は本社のセミナールーム。プレゼントは独身のスタッフがサンタの格好をして子供たちに手渡します。子供たちが笑顔になり、親も笑顔になり、参加しているみんなに笑顔が伝染していきます。

また、毎年開いていると、子供たちの成長も実感します。我々ももっと成長していかなきゃいけないと気が引き締まります。幸せそうなスタッフの家族に会えるクリスマス会を僕はとても楽しみにしていて、これからもずっと続けていこうと思っています

**僕はつくづく、働いてくれているスタッフはもちろんのこと、その家族にも支えられていると感じています。その恩をしっかりお返ししていかなければいけない。スタッフの子供たちがすくすくと成長するように、会社も成長していかなければと思います。**

# 思い出をつくりながら人は育つ。

昭和の日本の家庭では「厳しい＝お父さん」「優しい＝お母さん」「楽しい＝おじいさん・おばあさん」という役割分担がしっかりできていました。このバランスは人を育てるために大切。大家族主義の当社でもバランスに配慮しながら社員を育てています。

厳しいだけだと人は離れてしまい、優しいだけでは依存型の社員が増えます。楽しいだけだとマンネリ化します。そこで考えたのが、仕事を離れた思い出づくり。

すでにお話したように、僕は高校時代に一人暮らしをして、卒業後すぐに接骨院の道に入りました。働き始めてから専門学校に入り、資格取得後は東京に飛び出し、また一人暮らし。20代は自分の接骨院を開業することを夢見て必死に走りました。開業して一人前になることが両親への恩返し、くらいにしか思っていませんでした。しかし、僕が34歳のときに父が他界。僕は親との思い出が少ないのです。

そんな経験から、職場でスタッフとたくさんの思い出をつくりたいと願うようになりました。それも仕事場以外のところでコミュニケーションをとっていきたいと。

治療家甲子園に参加し、社内行事としては勉強会、お花見会、バーベキュー大会、合宿、クリスマス会、中学生職業体験、新年会、忘年会等々を開催。スタッフには「ここで働いて良かった」と感動してもらいたい。そのためイベントも、ただ行うだけでなく、思い出に〝ひと手間かける〟ようにしています。

なお、行事の模様は「情熱新聞」に掲載します。これは当社が2009年1月から隔月で発行している新聞で、スタッフとその家族、地域の支援者、そして患者様に配布しています。情熱新聞は思い出アルバム。僕らは思い出を全員で共有しています。

**たくさんの思い出をつくりながら人は育っていきます。家族旅行をいっぱいしている家庭では、子供の情緒が安定するようです。社員も同じです。これからもたくさんのスタッフと素敵な思い出をつくっていきます。**

第六章

# 苦しいこと
# からも
# 学びたい。

## やってしまったことは仕方ない。

2010年1月13日(水)。前日が長男の誕生日だったのですが予定が入り、13日に自宅でケーキを用意して「お誕生日おめでとう!」と家族5人で祝っていました。僕が「14歳になったか」と感慨にふけりながら寝室に行ったのは23時ちょっと前。少しして自宅の電話が鳴りました。中3の長女が電話をとり、妻に代わると「大変! 西大島院が火事だって」と。院の大家さんから「大至急来てほしい」という連絡でした。

慌てて責任者の市村に電話。「西大島院が火事だ。すぐ現場に行ってくれ」。僕も家を飛び出し、タクシーで現場に向かいました。着いたら消防車が10台以上。それを見たとき……心が折れました。みんなの院が燃えている。消防隊が放水している。

消防士さんが「幸いにもケガ人はいません」と教えてくれ、近くにいた大家さんも「負傷者がいなくて良かったよ」と言ってくれて、少しホッとしました。しかし、市村にはなかなか声をかけられない。どんな言葉をかけていいのか？

近寄っていくと、市村は朦朧としていました。僕が選んだ言葉は励ましです。「やってしまったことは仕方ないよ。人がケガしたり、誰かが命を落としたりしてなくて良かったじゃないか。自分の身体が丈夫なら、いくらでもやり直しがきくよ。これからどうするかだね」。スタッフみんなが「すみません」「すみません」と涙を流していました。

深夜0時30分に消火活動が終了。その建物は5階建で、整骨院がある1階部分はほぼ全焼。鉄骨だったため2階には火が回らずに済みました。火事の原因はタバコの火の不始末のようでした。

残り火が心配なので、スタッフが建物に車を横付けして朝まで寝ずの番。僕は一度自宅に帰って地域の人に向けた謝罪文を書き、夜中のうちに院のガラスに掲示しました。

**大きな失敗をした社員は励ますしかありません。本人も反省し、わかっています。小さな失敗をしたときは、ちゃんと叱らなければなりません。**

# スタッフの夢を叶えるのが仕事。

翌日は朝から現場検証。丸焦げになった1階、水浸しの院内、そして、臭いのひどさ。昨夜は何も見えなかったけれど、明るくなって光景を目の当たりにすると、すごいことになったと実感して、いたたまれなくなりました。

午前中で現場検証が終わり、お昼にスタッフ5人とロイヤルホストへ。温かいものを食べて、やっと落ち着いた感がありました。そこで僕は言いました。「いつも当たり前のように職場に行っていたのが、火事で今は使えない。当たり前に感謝しないといけない。みんなの給与はしっかり支払う。だから再建するまでは他の院で技術を磨いてほしい。戻ってきてからまたこの4人で頑張ってほしい」

昼食後はペアになって近所の一軒一軒へお詫びに回りました。僕は責任者である市村と一緒に。ある肉屋さんの工場に行くと、年配の女性社長さんが「昨日、すごかったわねぇ。みんなが再開を待ってるから、頑張って早く再開してね」と言ってくださり、僕らは涙が止まりませんでした。謝りに来たのに励ましてもらい、人のありがたさ、温かさを痛感。頑張るパワーをいただいて「絶対に復活しよう」と誓いました。

午後3時くらいになって、市村に「昨日は寝てないんじゃない？　今日はこれで帰って家でゆっくり休んで」と言うと、遠慮がちに「じつは、こんな時期に申し訳ないんですが……」と切り出してきました。「審査が通り、家を購入することになって。こんな時期に買わない方がいいですか？」と聞くので、僕は「こんなときこそ買った方がいいよ。マイホームを買って、奥さんの夢を叶えてあげなよ。必要な書類持ってこいよ」と背中を押しました。相当責任を感じている様子だった市村もようやく笑顔になりました。

**市村が家を買うことを、正直、嬉しく思いました。スタッフの夢を叶えるのが僕の仕事なんだ、とあらためて実感しました。経営者はどんな状況でも、スタッフの夢を叶えるのが仕事だと思います。**

# 辛いとき、苦しいときこそ応援する。

火事の翌日は、毎月行っているHSセミナーで自分が話をする番でした。集まってくれた40人くらいの方々に火事の報告をすると、さすがに皆さんびっくりしていました。

落ち込んでいる僕をやる気にさせてくれたのは仲間の存在です。いつもお世話になっているナニメンさんは1月15日から毎日ハガキをくれて励ましてくれました。オフィスT・Sの千田利幸さんも、塾の皆さんで色紙に励ましのメッセージを書いて贈ってくれました。

西大島院のスタッフは火事から1カ月間、平日は他の院で仕事をして、日曜日には本社に集まってカルテの書き直しや再開院の準備をしてくれていました。苦しいときこそ仲間が大切。周りの皆がそう感じさせてくれました。

2月15日、西大島院が無事に再開。スタッフの渡辺亮介が書いています。

「本日2月15日より西大島院で再び働くことができました。……（中略）……星野代表をはじめ、全スタッフが応援して、励ましてくれて、そして再びチャンスを与えてくれました。……（中略）……今日の朝、院を見たときにすごく嬉しかったです。オープン前から待合室の椅子がいっぱいになり、9時のオープンとともに今日の日を待ち望んでいた患者様がたくさん来院してくれました。そして励ましのお言葉やたくさんの差し入れ、他院の患者様も来てくれました。天候が悪い中、来院してくれる患者様の姿を見て、感動して涙が止まりませんでした。今日の日を大切にして、これから西大島の患者様、HSコーポレーションの皆様のために働いていきます。辛いとき、苦しいときに応援する風土、それが『大家族主義』だなと感じさせてくれました。火事のときに医療機器のソフトグリーンの三橋理伸さん、(株)正健プランニングの鈴木正大さんにも急ピッチに内装をしていただき、本当にありがとうございました」

**僕はスタッフを応援し、その僕を仲間たちが応援してくれました。本当に苦しいときこそ仲間が大切です。皆様、ありがとうございます。**

# 人を応援すると元気になる。

火事から1週間、じつは元気なフリをしていました。そんな僕が本当に気分を切り替え、元気になれた出来事があります。

僕の次男は当時小学6年生。2年生から野球をやっていて、ショートやセカンドのポジションを守っています。そんな息子と彼の友達を連れて3人で、メジャーリーガーの松井稼頭央選手（当時ヒューストン・アストロズ）と上原浩治投手（当時ボルチモア・オリオールズ）が都内で行っていた自主トレを見学に行きました。松井選手専属の宮本英治トレーナーは当社で何回も勉強会をお願いした先生。そのご縁があってお邪魔させてもらいました。松井選手は息子の憧れの存在です。

息子の興奮は「松井稼頭央選手に出会って」という作文に表現されています。

「1月22日(金)自主トレで松井選手に会ったときの気持ちは不安でした。なぜかというと、何を質問されるか全然わからなくて。友達が一緒についていってくれたから少し安心だったけど、見るからにすごい迫力だったので、質問されたらどう答えられるかと頭の中でいっぱいでした。そして松井選手が室内でトレーニングしているときも迫力がありました。プロの選手がトレーニングや体操・柔軟をやっているところを初めて見たのでびっくりしました。松井選手が僕に『俺の顔見てマネしてみ!』とトレーニング中に言ってくれて、やっぱりプロ野球選手はすごいな、自信満々でかっこいいなぁって思いました。……(中略)……この度はありがとうございました。本当に感謝してます」

息子が松井選手に質問されている姿、憧れのまなざしでトレーニング風景を見ている姿、サインをもらって感動している姿。見ているだけで嬉しくなりました。息子には一生の思い出になったでしょう。息子の夢を叶えたことで、僕も元気になっていきました。

**子供の笑顔は最大の良薬です。子供の笑顔から勇気をもらいました。自分自身が苦しいときは、人の応援をすると元気になれます。**

# 理念に立ち返る。

2010年は波乱の年になりました。

1月に西大島院が火事になり、再開できたと思ったら、10年勤めて当時ナンバー2だった人間が「独立したい」と退職。それにつられて毎月のように院長クラスの人間6人が次々と退職。大家族主義を支えてきてくれたスタッフたちが去ってしまいました。

それまでの5年間は新規出店を繰り返し、システムを変更を進めていました。スタッフは仕事に追われ、休みの少ない状態。不平不満があると知りながら、僕は改革を推し進め、スタッフはついに爆発したのでしょう。変化に対応できない人間は退職していく。それは致し方ないことだとも思っていました。今思えば、無理な経営のツケです。

しかし、後悔してばかりもいられません。配置転換や組織変更に取り組みました。

6月5日に埼玉県飯能の大松閣に幹部6人を集めて合宿。理念に照らし合わせて会社のビジョンを話し合いました。事前にアンケートもとり、スタッフの意見を積極的に聞き、できる限り経営計画に反映させました。そして、このメンバーで会社を立て直せると確信したのです。

7月の経営計画発表会では社長としてこんな姿勢を表明しました。

「これからは一時的な売上よりも、スタッフの成長が大切。長期的な視点で、年内は出店せず、教育やスタッフ間の結束を強化していく。また『新時代への結束』をテーマにエリアスタッフ単位で合宿を行う。コミュニケーションを図り、本音で話し合い、共通の目標を持ち、自分たちで当事者意識と一体感を持って、エリアや会社を良くしていってもらう。HSとの出会いで『人生が変わった』と言ってもらえる環境づくりをしていく。スタッフ同士が刺激し合いながら、互いに成長していくような風土をつくっていこう」

**問題が起こると、僕は理念に立ち返ります。自分自身の行動や発言が理念に照らし合わせてどうなのか。スタッフはどうなのか。客観的に見つめて解決していきます。**

# 非常時にも平常心。

2011年3月11日、東京・青山でセミナーを行っていました。14時50分頃、急に横揺れが。どんどん揺れが激しくなり、横揺れが縦揺れに。僕がいたのはビルの15階です。立っていられず、椅子に座りました。「ドアを開けた方がいい」と受講生の皆さんにも緊張が走りました。本当に揺れました、揺れました、メトロノームみたいに。

インターネットで情報を見てみると、宮城地方 震度7、東京地方 震度5。そのビルで火災等はなかったので、セミナーは最後までやり続けました。

終わった後、電車が動かず家に帰ることができません。一部の受講生と近くの飲食店で待機しました。携帯電話はつながらず、情報がない。しかし、このままではいけないと、僕とひとりの受講生は赤坂まで歩きました。道路は渋滞。歩道は人、人、人。ヘルメットをかぶった人も多く異様な雰囲気でした。まだ電車が動かないので、赤坂の飲食店にてまた待機。22時くらいに地下鉄が動き出しました。車両は押すな押すなの人の波でしたが、我慢して乗り、家に着いたのは深夜0時30分。テレビを見て、「これは凄いことになった」と呆然としました。そして、各院にメールを送りました。

「昨日の地震でスタッフや患者様にケガがなかったことを幸いに思っています。
電話がつながらずご迷惑をおかけしました。
今日も対応が遅れたこと、申し訳ありません。
今日は正午までの治療受付とし、自宅に帰ってゆっくりしてください。
東北地方が大変なことになっています。
当社も岩手出身のスタッフがいます。家族との連絡をとってください。……」
取り急ぎ、スタッフや院に関して僕が得ている情報をみんなに伝えました。

**非常時こそ経営者は冷静な行動を求められます。僕はまずスタッフとその家族の安否確認、そして状況報告を行いました。**

# 自分の目で見て感じてほしい。

次の章で詳しく紹介しますが、僕らは業種の壁を越えて「日本商店会」という組織を結成しています。その仲間である今井司さんの会社、会津通商は、東日本大震災が起きたとき、仙台にありました。

2011年3月12日22時に今井さんはメーリングリストで「仙台営業所のドライバー2名が津波にのまれ行方不明。……リーダーとして気持ちをしっかり持ちましょう！」というメールをくれました。我々にできるのは祈ることだけ。僕は無事を祈るメールを返信し、他にも大勢が励ましのメールを送ったようです。

24時頃「ドライバー2名はトラックから降りて自力で走り、間一髪、津波を逃れ、石巻から一晩かけて歩いて帰ってきました」という報告と「こんなときだからこそ気をしっかり持って乗り切りましょう！」というメッセージが届きました。本当に嬉しかったです。

3月13日、日本商店会でつながる居酒屋てっぺんの大嶋啓介さんが、今井さんに「救援物資を集めるから、東北へ物資を運んでほしい」と電話。今井さんは「命の物資を被災地へ」を合言葉に物資を運んでいきました。

今井さんが中心となる「運輸維新会」のメンバーが全国から物資をトラックで輸送する体制をつくり、「仙台とどけ隊」によって被災地に物資が行き渡るようになりました。日本商店会の仲間たちは、仕分けや輸送の応援に全国から駆けつけました。

僕も仲間やスタッフ、そして、当時中学3年生だった長男を連れて3月29日に仙台に入りました。長男を連れて行ったのは、自分の目で見て何か感じてほしいと思ったからです。気仙沼に行ってみると、テレビのニュースで見るよりもはるかにひどい惨状。継続的な支援が必要だと感じました。

**被災地を自分の目で見て、僕はがっくり肩を落としました。長男は「恐かった」と言っています。見ないとわからないことがあり、見たからこそ考えられることがあります。**

# できることを継続して。

被災地の惨状を見て、自分のできることを考えました。自社でできること、治療家甲子園でできること、日本商店会でできることは何だろうと。

まず着手したのが支援金集め。当時、日本商店会には150名の会員がいたので、支援活動の報告会を開き、メーリングリストも活用して、皆さんに声をかけて支援金を集めることにしました。

3月から7月までに集まった支援金は700万円。運輸維新会に、仙台への輸送費として毎月100万円を寄付し続け、それは現在（2011年10月）も続いています。

今井さんからの報告。

「皆さんの思いは物資と共に被災地へ届けられています。

まだまだですが、復興を体感しています。

復興したこの地で、数年後に心から笑いたい。

私達は『とどけ隊』と共に、思いの詰まったトラックで被災地に送り続けます。

「事務所をいつまで提供するかと聞かれれば、復興の拠点として必要がなくなるまで」

会津通商仙台事業所では、事務所の2階をドライバーの仮眠室として提供しています。

また、全国から集まるボランティアの宿泊先として、さらに、とどけ隊の事務局としても使用しています。当社のスタッフは毎月、被災地へボランティアマッサージに行っており、その度に仙台事業所を宿泊先として提供していただいています。

今井氏の本気の想いには共感しました。僕らも応援し続けたいと思います。


僕は毎月、東北の南三陸・気仙沼・石巻にボランティアに行っています。それは、現地を見てしまったから。被災した方々に話を聞いてしまったからです。15年前の阪神大震災の際は開業して3年で余裕がなく、何も支援活動をしませんでした。それが心残りなのもあり、今回はできることに取り組み、継続して支援活動をしていきたいと思っています。

# 相手の立場で考える。

　5月に当社の6人で、避難所になっている宮城県の気仙沼中学校にボランティアマッサージに行きました。スタッフの宇佐美はマッサージをした年配の女性Aさんに、後日、差し入れと手紙を送っていました。それで、Aさんからお便りが僕のところに。

「本日は思いがけないプレゼントが届き、4人で涙ながらに（うれし涙です）梱包を広げました。写真を見たときは思わず喚声を上げて喜んでしまいました。あの日は5月15日だったのですね。あの写真を見ますと、とても震災を受けているとは感じさせず、部屋の人々もとても良い表情で撮れていて、それがとても印象的です。それもこれも社長様をはじめ若いスタッフの皆様の明るさと人柄、そして力強い励ましのお陰様と感謝でいっぱいです。マッサージのサービスを受け、ありがたく思っていますのに、その上、このような文明堂のお菓子やらおつまみ、おかずまで、本当に至れり尽くせりの心遣いにただただ喜びと感激でいっぱいです。皆様は私の子供と同じくらいの年齢かもしれませんが、私などこの歳になって、皆様に人生観を勉強させていただいたような気持ちになりました。本当にありがとうございます」

他には、気仙沼への想いや僕らの身体を気遣う言葉などが綴られていました。

僕は涙が止まりませんでした。宇佐美の行動に感謝し、手紙を送ってくれたAさんに敬意を抱きました。家や仕事、家族など、いろんなものを失っても、人の心だけは失わない。人としてのあり方を学ばせていただいた気がします。

初め僕らは自己満足で支援活動をやっているのかもしれないと思いました。自分が行けるときにしか行かないので。でも「ひとりでも多くの人に喜んでもらうこと」を願い、支援を重ね、究極の自己満足を目指す。それでも良いとお手紙をもらって思いました。

**治療家として大事なのは、相手の立場に立ってあげられるかどうか。すごく大切です。だから被災者に支援物資を送ってくれた宇佐美には感謝の気持ちでいっぱいです。**

# 一番大切なものは、自分の命。

気仙沼港近くに住んでいた67歳の女性から地震のときの状況を教えていただきました。

「地震が起きたときにすぐに逃げれば良かったんだけど、民生委員をやってたから、近所のお年寄りのお宅一軒一軒に『津波が来ますよ』って言い歩いたのよ。それで逃げるのが遅れて。バッグだけ持って近くの公民館に逃げたの。もう、地震から10分後に津波が来て『来た〜！』って走りながら公民館に。屋上に登ったらすぐに津波が来てね。自分の家が流されてくのを屋上から見てた。見ながら、涙が止まんなくてねぇ。

公民館の屋上で400人くらいが助かって、周りは海。孤立しちゃったのよ。今度は引き波でね。いろんな建物にぶつかって渦が巻いてた。そこに男の人が、60代くらいだったと思う。『助けてくれ！』って声が聞こえて。海に投げ出された人がいたのよ。ロープを投げたけど届かずに渦の中に男の人は消えていった。あの方は亡くなっていると思う。

夜になったら今度は火が迫ってきてね。気仙沼は海が火の海だったでしょ。津波で重油船から油がこぼれて火がついてね、それが公民館に迫ってきた。『もうダメだ』と思ったら、10メートルくらい前で火が止まったのよ。『あー助かった』ってホッとしてると、ひとりの男性が公民館まで泳いでくるのよ。みんなで公民館の屋上に上げて助けたの。60歳ぐらいの男性だったかしらね。その人は服がビショビショだったから、着ているものを脱がしてすっぽんぽんになってもらってね。毛布を巻いてもガクガク『寒い』って言うから、ある女性がバッグに持っていた女性用の下着を着せたら『温かい』って言ってた。

夜になってきて屋上は寒くてね。ヘリコプターが救助しに来てくれた。それで乗せてもらって避難所の気仙沼中学に。空から見ると気仙沼が火の海になっててね。ずーっと泣きながら、生まれ育った気仙沼の町を見てた。夢であってほしいって」


**3回目の気仙沼。感じたのは、一番大切なものは「自分の命」ということです。今ある命に感謝しながら、自分たちにできる支援を続けていきたいと思います。**

第 七 章

# 未 来 へ
# 踏 み 出 せ 。

## マネは近道。

この章では、僕がこれまで未来を見つめてやってきたことをまとめて紹介します。

まず、「有限会社ひらい整骨院」から「株式会社ＨＳコーポレーション」に変わったころの話。２００８年6月24・25日に幹部15人で合宿を行いました。〝集団〟から〝会社組織〟に生まれ変わる今、コミュニケーションを深め、理念やビジョンを共有することが大切だと考えたからです。また、以前はその場の思いつきで経営をしていましたが、これからは計画性を持ち、地に足をついた経営をしていく必要があるとも考えました。そして、7月の「会社方針説明会」に向けて、叶えたい夢を書き出していきました。

当社では会社方針説明会を、社員に加えて関連会社様や取引業者様にも出席いただいて開催してきました。古田土《こたと》会計事務所の古田土満所長の指導を受けてからは、「経営計画発表会」と名前を変えて開催しています。

古田玉所長に「経営計画発表書は理念を実現するための道具です。会社をつくる上でその出発点になるのは、社長の強い夢や希望です」と教えられ、僕もきちんとした計画書を作成する重要性を認識するようになりました。そこで「すべてマネさせてください」とお願いしてみたところ、「どうぞ、どうぞ。始めはマネから入った方が早いですから。どんどんマネて、より良い経営計画書を作ってください」とのお返事。ご厚意に甘え、古田玉会計事務所さんの経営計画書をベースにして、当社の経営理念、経営の基本方針、長期事業構想、個別方針を書き入れていきました。

「株式会社ＨＳコーポレーションは、大家族主義を柱に、応援し合う風土をつくりながら、ひとりひとりに理念を浸透させ、利他の心を持ち、地域の人々をサポートし元気にしていきます」という企業ビジョンを掲げたのも、経営計画書を形にしてからでした。

**経営計画書を作成するようになり、ビジョンを明確にしてスタッフみんなで共有できるようになりました。「マネさせて」とお願いできる率直さは、会社経営に役立ちます。**

# 10年後のことも考える。

２０１０年9月23日に横浜で、知人の田尻賢さんが営む会社、ファーストサービスの10周年パーティーがありました。二次会は東京の錦糸町で。経営について語り合える方々と6人で飲んでいました。お名前を挙げると、池間哲郎先生、水上泰宏さん、鈴木正大さん、増田恭章さん、吉武和英さん、そして僕です。

この席で、毎月ＨＳセミナーをやってきて感じていることを話してみました。「セミナーに参加してくれた人たちがもっと仲良くなれないかって、いつも考えてます。これからは日本の人口がどんどん減っていく。今、流行っている企業も10年後はどうなっているかわからない。ビジネス・マッチングに役立つ会なんかをつくるとどうだろうね。異業種で経営ノウハウを提供し合ったり、仲間のお店でお金を使うようにするとか。誰から買うかにこだわる会、異業種の人たちが集まる会をつくりたいなぁ。昔、昭和時代の商店街の人たちって、集まって地域や日本のことについて話し合っていたんだと思う……」

皆が共感してくれ、会話が弾みました。

池間先生「名前をつけないといけないなぁ」

僕「どんな名前がいいですかね。高度経済成長期の昭和の商店街のような雰囲気にしたいんですよ。だから、商店会というのはどうですか？」

池間先生「商店会に日本を付けたらどうだ？」

増田さん「ニホンじゃなくてニッポンでしょ、昭和の時代は」

「日本商店会（ニッポンショウテンカイ）にしよう」と話がまとまりました。「ここにいる6人が理事を務める」ことも即決。それぞれが知人に声をかけて、メンバーを集めることになりました。

**本当に10年先はわかりません。世の中の変化を敏感に察知して、素早く柔軟に対応していきたいですね。**

# お客様を仲間だと考えてみる。

「日本商店会をつくろう」と盛り上がってから3カ月後の11月28・29日、栃木県鹿沼市のニューサンピア栃木にてキックオフミーティングを開きました。北は北海道から南は九州までの20人が集まって「日本商店会」の旗揚げ。こんなことを話し合いました。

『日本商店会の結成主旨　～20年後も50年後も活躍できる企業になるために～』

国内の人口が減少していく中、企業が生き残るには、共に助け合う「昭和の商店街」のような仲間が必要です。日本商店会は学び合い、実際に事業を応援し合う関係をつくっていくことを目的とします。「仲間に恥ずかしいモノは出せない」。そんな意識でいれば、きっと高いレベルへ進化し続けることができるはずです。依存するのではなく、個々の企業が成長を続けることで、20年後も50年後も活躍できるようになりましょう。

●日本商店会の理念：共に学び、共に成長し、共に勝つ

●日本商店会のビジョン：日本商店会を通じて地域を元気にする

日本商店会とは「地域を元気にしたい」という想いを持つ全国の同志により構成された、共に助け合う「昭和の商店街」のようなコミュニティーなのです。発足を全国から集まってくれた仲間が心から楽しんでくれているのがわかりました。心から楽しんでいるから、集中できて想像力も発揮しやすい。活発に意見交換をして、志の高い方がもっともっとたくさん集まる会にしていきたいと思っています。また、楽しむだけではなく学びも……。

この日はスペースアップの小西正行社長の講演会も開かれ、とても充実した一日に。異業種の熱い仲間が集まって、将来、化学反応を起こすことに期待が高まりました。

**仲間に出して恥ずかしいモノは売らない、恥ずかしいサービスは行わない。そんな日々の心掛けが、企業を長生きさせるのではないでしょうか。**

## 「人生の勝利者に」

2010年はスタッフの入れ替わりの激しい年となり、僕は自分が大家族主義に踏み出した原点に立ち返りました。原点とは、ネッツトヨタ南国の横田英毅会長の言葉です。

ネッツトヨタ南国は2002年に経営品質協会主催の「日本経営品質賞」に選定され、オールトヨタの中でも顧客満足度ナンバーワンに複数年連続して輝いています。僕はこの会社のことが知りたくて、高知県まで足を運んでセミナーを受講しました。

横田会長は経営理念を「全社員を人生の勝利者にする」と語りました。一度聞いたら忘れません。でも、じつは最初は意味がわからなくて「何をもって勝利者なのか？ 出世できることか？ 給与をたくさんもらうことなのか？」などと考え込みました。それで僕は疑問をストレートに口に出しました。「何をもって勝利者なんですか？」

「この会社にいたから成長できた、立派な人間になれた、と思うことができたら、人生の勝利者と言っても良いのではないか」と答えていただきました。それを聞いて衝撃が走ったのを今でも覚えています。その言葉は僕の中で深く刻まれました。

それまで当社では、技術・知識・経営についてはスタッフに教えてきたけれど、人生についての想いまでは共有してきませんでした。仕事も人生の一部であり、人生の中で大きな割合を占めるのが仕事であると気づかせてもらい、僕は「現在いるスタッフが成長していける会社を真剣につくりたい」と思うようになりなりました。

横田会長はこうも言いました。「変えられるものは自分と明日。変えられないものは他人と過去。自分と未来をこれからどうしていこうかと考え、行動を起こしていかないと、やりがいは生まれてこない」。自分次第で会社は変わっていくのです。

**スタッフが入れ替わった後に「人生の勝利者にする」という言葉を思い出しました。人はみんな「成長したい、挑戦したい、役に立ちたい」と思っています。ひとりひとりの能力をどう引き出してあげるかを考えることが大切なのだと意識を変えました。**

# 心の状態を意識する。

経営とは、自社を客観的に見て、いろいろなことに挑戦し、反省することの繰り返しだと思っています。そこで僕が大切にしているのは、自分の心です。心の状態です。

良いこともイヤなこともある会社経営は、心の状態に左右されがちです。モヤモヤしていると仕事もうまくいかないことが多く、ワクワクしていると良い結果が出ています。

心の状態を意識するには、毎日の習慣が大切だと思っています。やるべきことを毎日習慣化するのです。

僕の場合は、まず犬の散歩。歩きながら昨日を反省し、今日やるべきことを考えます。ひらめきが浮かぶことも頻繁にあり、仕事に行くのが楽しみになってきます。

本を読むことも欠かせません。読書中は心が清らかな状態になり集中できます。基本的には多読をし、流行っている本、興味のある本など、幅広いジャンルの本を読みます。

イヤなことがあると、感謝のハガキや手紙を書くようにしています。すると、モヤモヤが消えていきます。また、毎朝7時50分にメールが配信されるように書いているメルマガも効果的です。家族のこと、会社のこと、仲間との出来事などを、自分の言葉で書いています。元々は2年前に社員に自分の想いを届けようと始めたのですが、今では全国のたくさんの方が読んでくれていて感謝しています。

気の合う仲間と飲むことも心の状態を良くしてくれます。自分の想いを聞いてもらったり、相手の相談に乗ったり。飲んでいると、悩みのない人なんかいない、人は悩んで進化していくとわかって、気持ちが晴れやかになってきます。また、悩みを聞いてあげると、相手の立場に立つことで、心の状態が良くなっていくのがわかります。

あとは、やはり睡眠時間。寝不足だと心の状態が悪くなり、しっかり眠れていれば心もスッキリしていることが多いです。


**心の状態を良くするには毎日の習慣が大切。ぜひ自分に合う習慣を見つけてください。**

# 本を読もう。

良い習慣のひとつとして読書をあげましたが、それは最近始めたものではありません。5年くらい前から、年間100冊以上は読むようにしています。

開業して19年、苦しいときに本を読んで何回も救われました。本を読んでいなかったら、今のHSコーポレーションはなかったと言っても過言ではないでしょう。

大きく分けると本には2種類あり、多読するための本とバイブルのように定期的に読み返す本とがあります。ためになると思える言葉はノートにメモしておいて、本から得たことを実践に生かしています。悩んだとき、迷ったときに読むのは、偉大な経営者の本。その経営者から直接言われているような疑似体験ができます。やはり文章にも魂があるようで、偉人が書いていると言葉が自分に沁み込んできます。

僕は、読書することによって「①自分をつくることができる、②自分を鍛えることができる、③コミュニケーション能力の基礎ができる」と考えています。

スタッフにも「治療家という枠を越えて人間として成長する上で大切な能力を、読書は鍛えてくれる」と話しています。現在は「毎月1冊必ず読む」のが当社の決まりで、毎月30日に読書感想文を上司に提出することになっています。

どんな本に興味があり、どんな感想を書くかで、その人間の成長度合いがわかります。これまで本を読む習慣がなかった人には、簡単な本でいいからとにかく読んでもらい、感想文を書いてもらう。たくさんの知識を本からインプットしておくと、患者様とコミュニケーションをとるのに役に立つときがあります。そういうことからも読書を続けることは大切だと僕は思っています。

**皆と同じことをしていたら、みんなと同じ程度にしかなれません。人より成果を上げようと思ったら、成長を速めることが大事です。その成長を加速させるのが本なのだと思います。本を読むことが習慣化されると、人生がどんどん変わっていくはずです。**

# 子供にはきっかけを与えて、信じる。

僕は高度経済成長期に父親が絶対的に偉い家庭で育ちました。今、我が家で一番偉いのは妻。2番目は娘、3番目は長男、4番目は次男、5番目が父親、その次が犬。子供とは友達みたいな間柄です。おかげで言いたいことが言え、子供たちの方も僕に相談をしやすいみたいです。ただ、父親としての想いはしっかり子供たちに伝えています。

現在中2で、小2から野球をやっている次男について紹介したいエピソードがあります。

2010年6月に僕は北海道で遠藤友彦（エントモ）さんと出会いました。エントモさんは、駒大苫小牧高校が甲子園で優勝したときにレクチャーをし、東北楽天ゴールデンイーグルスで活躍する田中将大投手などを指導した経験を持つ方です。話をさせていただいたところ、旧友みたいに盛り上がり、息子への指導もお願いしてしまいました。

翌月、エントモさんが都内の高校でレクチャーをすると言うので、当時中1の次男を連れて行き、バッティングを教えてもらいました。「じゃぁスイングしてみて。……いいスイングしてるよ。センスあるよ。それでバッターボックスに入っているとき、何を考えてる?……もっと左足に重心を置いて……」。息子は何度も真剣にバットを振り、目を輝かせながらエントモさんの話を聞いていました。僕は「誰が言うかが大事なんだ」と思いました。

その後、3人で食事に行き、帰り際、エントモさんが「明日から毎日やってほしいことがある。ひとつはバットのスイングをすること。ふたつ目は自分の使った食器は自分で洗うこと。約束できる?」と言い、息子が「約束します」と答えて別れました。

息子は今でも毎日食器を洗っています。エントモさんとの出会いで、自分のできていること、できていないことが明確になり、野球に取り組む姿勢が変わったと思います。

**父親の役目とは、息子にきっかけを与えることであり、信じて応援することだとわかってきました。息子には野球を通じて自己成長をしていってほしいと願っています。たくさんの気づきを与えてくれたエントモさんには感謝しています。**

# 子供に影響を与えられる親になりたい。

僕の子供は現在高2の長女、高1の長男、中2の次男の3人。子供たちには仕事についても話をしていて、その楽しさを感じてもらおうと社内イベントにも参加させています。

長男は小学校の4年から6年までは軟式野球をしていました。小6の3月、週末にブラブラしていたので「お父さんの仕事場、見に来ないかぁ？」と誘ってみました。

ある土曜日、息子は朝8時に院に来て、朝礼と掃除から参加。治療開始の9時からは機材のセットなどを手伝っていました。来院した方に「お手伝い？ えらいわね」などと声をかけてもらって緊張がほぐれてきたころ、野球好きなAさんがやってきました。

Aさん　「なに、野球好きなんだって？ どこのファン？」

長男　「野球は好きです。特にジャイアンツ」

Aさん「俺はロッテなんだけど……。ロッテで好きな選手いる?」
長男「います。里崎とか。名前が同じなんで」
Aさん「そうなんだ。渋いトコ好きだねぇ」

会話が弾んで、息子もかなり院になじんだ様子。治療が一段落つき、親子で外に出て窓ガラスを拭き始めました。すると、帰ったはずのAさんが。「お兄ちゃん、頑張ってるから、これ。里崎のサインあげるよ」と。息子は「本当にもらっていいんですか?」と遠慮しながらも、お礼を言って嬉しそうに受け取りました。自分にサインをプレゼントしようとAさんはわざわざ戻って来てくれた。そのことに長男はすごく感動し、家に帰ってから母親と弟に興奮しながら話していました。サインは今でも部屋に飾られています。

初めてお手伝いをした日に予想を上回るプレゼント。「仕事って楽しいんだ、一生懸命やってると感動するんだ」と話していたので、本当にその通りになって僕も感動しました。

**親の背中を見せていくと、子供の仕事への印象が変わります。子供が将来どんな仕事に就こうかと考えるとき、良い影響を与えられる父親でありたいと思います。**

# 反省は分析とともに、目標は計画と併せて。

２０１１年７月に行われた「19期経営計画発表会」で僕は社員にこんな話をしました。

18期ＨＳコーポレーションの社員の皆様、１年間ありがとうございました。

19期から５年後の24期までに、ＨＳグループ鍼灸整骨院を30店舗に拡大し、在宅事業を展開し、より広く社会に貢献できる会社をつくっていきたいと思っています。そのためには、18期より20期の３年間は当社の変革期になります。

18期は評価基準の見直し、給与規定・就業規則の変更、ステップアップ制度の変更、受付時間の変更等をしてきました。19期は評価基準のさらなる見直し、社員教育の見直し等を行い、20期には評価基準を修正しながら、より良いものに作り上げていきます。そして、

21期よりキャリアアッププランを導入するための体制づくりを行っていく。この3年間で会社組織としてより強固な体制を築き、継続発展させていきます。

残念ながら18期の業績は良くありませんでした。これは我々経営陣の責任です。特に代表の私に責任があると痛感しています。この失敗の原因を徹底認識するとともに、今期を成長軌道に乗せる1年にしていきます。18期の不振は、スーパーバイザー以上の本部管理職のやるべき仕事が特定されていなかったことなどにあります。院長クラスが6人退職したことに伴い、スーパーバイザー・統括の仕事が多岐に渡り過ぎてしまったこと。そこからもう一度チームを作り直すのに時間がかかってしまいました。

チームを再編する上で「結束」というテーマをもって合宿を行い、共に学び、共に遊び、各エリア間交流や結束を強化してきました。3月11日の震災以降は各エリアでの結束が強くなり、目標を達成しようという雰囲気に変わっていきました。

**当社では全社員に向けて、くわしい業績報告と計画発表を行っています。実績とビジョンを皆が共有することで、全社一丸となって未来に進むことができます。**

## 〝日本一〟に。

「19期経営計画発表会」の話の続きです。

19期のテーマは「育てる」です。9期生の新入社員が21名入社してきました。社会人のイロハから人として大切なこと、治療家として必要な知識・技術を教えていかなければいけません。また、院長・リーダー・スーパーバイザークラスを育てます。目標を持って働き、結果を出せるスタッフにはどんどん次のステージの教育をしていきます。

21期からフランチャイズ店舗やのれん分け制度を使い、全国で「地域を元気にする」鍼灸整骨院を展開しているのが目に浮かびます。5年後の30店舗体制に向けて進んでいきます。すべての人たちにチャンスがあるということです。

そこで大切なのは先輩・上司が部下を育てていく姿勢です。HSの3つの柱「①想い…大家族主義、②理念、③利他の精神」をしっかり伝えていくこと。チームHSで感謝・感動・夢・心・成長・苦労・逆境を共有して、チームで部下を育てていきましょう。

ひとりひとりの夢を応援する風土もつくっていきます。HS本体としても、地域の担い手として、健康総合企業としての地位を築いていきます。

また、「大家族主義」を広く治療家や学生に知ってもらい、全国から優秀な人材を雇用します。そして、「人間力日本一」の鍼灸整骨院グループを確立したいと考えています。

東日本大震災にかかわるボランティア活動は、3月から6月まで毎月4回被災地に入り、物資の運搬、ボランティアマッサージ等を実施してきました。引き続き、現地でのボランティア活動と各院での支援金集めを行っていきます。

**HSコーポレーションが目指すのは「人間力日本一」の鍼灸整骨院グループ。必ず実現させて、社会に対して恩返しをしていきたいと思います。**

HSコーポレーションの

# 「大家族主義」

# HSコーポレーションの「大家族主義」

当社の「大家族主義」について、本編でたくさん語らせていただきました。
しかし、それでも語りきれていない部分があります。
大家族主義を掲げたきっかけから、あらためてここに整理してみます。

## 1「大家族主義」の始まり。

今から19年前に妻とふたりで整骨院を開きました。ありがたいことに、来院してくれる患者様がどんどん増えていったので、スタッフを4人採用し、一緒に働いてもらいました。

夫婦で仲良く力を合わせ、スタッフとは和気あいあい仕事ができればいい。そんな個人経営の領域から、僕の社長業は始まりました。

それから整骨院の数が増え、スタッフの人数も増えて〝集団〟になっていき、事情が変わっていきます。


20代の僕は自分のために仕事をしていました。「25歳で開業し、26歳で結婚し、それから子供ができて、30歳には家が欲しい」。これらの夢をすべて実現させ、自分の欲求を果たした30歳にはバーンアウト。燃え尽きてしまったのです。それから3年間は次の目標が決まらず、「田舎暮らしがしたい」などと考えている時期もありました。

会社では、スタッフには技術さえ教えればいいと思っていて、「俺の言うことを聞いていればいい」とよく言っていました。そのせいか、スタッフとの間には距離がありました。

今思えば、みんなと関係がうまくいかないこともあって、現実逃避したかっただけなのかもしれません。

これといったビジョンもないまま、とにかく整骨院の数を増やし、事業を拡張していこうとしていました。

しかし、自分が34歳のときに父を亡くし、人生には必ず終わりがあると実感してから、自分はどんな生き方をしたいのかを模索するようになりました。「何のために仕事をしているのか？」それを考え抜きました。そして、これからはスタッフや患者様など、たくさんの人を喜ばせなければいけないと気づいたのです。

当時、整骨院を3院開いていたのですが、スタッフが次々と辞めていき、患者様にも「この整骨院は先生がいつも変わるね」と言われる始末。僕は人を育てていなかったことにも気づきました。

スタッフとちゃんと向き合い始め、5院目を出したときには、5年以上働いてくれるスタッフが何人もいる状態に。いつの間にか僕は、スタッフの将来を考えるようになっていました。「ひらい整骨院」で働きながら将来の人生設計ができる。そんな会社にしたい、安心して働ける会社にしていきたいと考えていました。

「整骨院の数が倍になり、10院になったらどうなるか」を想像して思ったのは、スタッフ全員と共通言語を持ちたいということ。経営上の理念を明確にしなければいけないとわかりました。しかし、当社を一言でいうとどのような会社なのか？　そのときは表現できませんでした。そこで、共通言語となるフレーズを追求していました。

僕は仕事を家族のために頑張っていきたい。そう考えていたときに出逢ったのが、京セラの稲盛和夫さんが著した『アメーバ経営』という本です。「社員全員を家族と思う」という言葉に影響を受けました。

そこから「スタッフは家族」と思い始め、社内で「家族主義でいきたい」と言い始めたのです。強い想いを抱いて2006年から「大家族主義」をスタートさせました。

しかし現実には、僕ひとりで言っているだけ。最初、スタッフに話したときには「何が家族なのか？」と首を傾げられ、想いがまったく伝わらなかったのです。

伝えるためにどうしたら良いかと悩み、大家族主義をイメージさせる『美容室バグジー』

の映像をスタッフに見せました。皆が仲良く仕事をしているシーンが流れます。「こんな会社をつくりたい。みんなが楽しくワクワクしながら仕事ができる環境をつくっていきたい」と話すと、ようやく想いが伝わりました。

感動を共有することの大切さを知り、いろいろな場面でスタッフにサプライズを仕掛けていきました。まずは僕がスタッフを喜ばせるせることから始まり、次は喜んだスタッフが患者様を喜ばせることを一生懸命にやってくれる。相手のことを思うスタッフ、楽しく働いてくれるスタッフが増えていきました。

## 2 リーダーを育てる。

大家族主義を続けるうちに、スタッフは優しくなっていったのですが、甘えるスタッフも多くなってしまいました。遅刻が多い人間も出てきて、依存型のスタッフが目立つようになりました。
当時は整骨院6院にスタッフが30人。大家族主義を唱える中で当社は〝仲良し集団〟になってしまったのでした。仲良し集団は、普段は何をするにも気が合って良いのですが、仲がこじれると言いたいことが言えず遠慮し合う関係になります。
会社の雰囲気が変わり、仲良し集団であるがゆえに、言いたいことや言うべきことが言えない状態になっていました。

このままではいけないと思い、主任以上のスタッフを集めました。そして「チーム＝家族」であるということと、会社の「理念」、言い換えると「家訓」を再確認してもらい、それをしっかり部下に落とし込むように伝えました。また、長男であるリーダーが弟である部下を叱ることの大切さも指導しました。

第3章でも書きましたが、当社には〈HSの3つの柱〉というものがあります。

1．想い：大家族主義

2．理念：ルール・家訓

3．利他の精神：相手のために何ができるか？ 自分のことより相手のことを考える

これらをあらためてスタッフに浸透させるよう、リーダーに伝えたわけです。

仲良し集団の色が濃い整骨院では、人事異動を積極的に行いました。スタッフの中には「仲良く楽しく働ければいいじゃないですか」と不満を口にする人間が多かったのも事実です。リーダーが長男の役目をきちんと果たすことによって、整骨院の雰囲気が悪くなるときもありました。けれど、僕が求めている整骨院は仲良し集団ではなかったので、強引に改善を進めていきました。

本来目指していた大家族主義に戻そうとする中で、院を任せるリーダーの重要性を感じました。リーダー次第で院の雰囲気がすごく変わっていくのです。

以前は知識と技術さえあればリーダーになることができたので、部下との人間関係を構築することも大切だと、各リーダーに教えました。また、リーダーそれぞれ役割認識が違

うという問題に気づき、僕は毎月、院長クラスを集めてリーダーの役割について教育していきました。

整骨院でのリーダーは

- 相手のために何ができるかを考える。

（自分のために働くのではなく、部下のために何ができるか考えて働く）

- イヤな仕事を率先して行う

（トイレ掃除やスリッパを拭くような仕事をすすんで行う）

- 自分より相手を優先する

（自己犠牲をいとわず、たとえば自分の休みよりも部下の休みを優先する）

- 人に教えるのが好きである

（部下を育てる上で、技術や知識を教えることが大好き）

- 自己責任能力がある

（部下がしてしまった失敗を自分の責任だと言える）

・夢や目標を持っている
（夢や目標を持つことの大切さを部下に教える）

リーダー教育を毎月繰り返す一方、そのリーダーにイベントの幹事をしてもらい、部下を喜ばせる楽しさを知ってもらうことにしました。上司が部下を喜ばせる風土をつくる。それにより、尊敬されるリーダー像を形づくっていきたかったのです。

第2章で、当社における主任以上のリーダーの条件を一部紹介しました。ここに全条件を紹介します。

①患者様第一主義で行動できる人
②環境整備に力を入れている人
③上司の方針を理解し、実現しようとしている人
④仕事の予定を立て、行動している人
⑤部下に対する仕事の指示を的確に行っている人

⑥正しい仕事のやり方をきちんと教える人
⑦仕事が遅れたときに取り返す努力をしている人
⑧代表の考え方を部下に説明でき、会社側に立って部下と話ができる人
⑨会議で社員全員の立場に立って積極的に意見を言う人
⑩部下のクレーム、考え方の誤り、行動の誤りをＳＶに言える人
⑪部下の情報をＳＶ・統括・代表に報告できる人

## 3 〝会社組織〟に。

「相手のために何ができるか？」これが当社のリーダーとしてのキーワードでした。

リーダーは、仕事以外の場面でもスタッフを家族として大切にする。イベントを通じて相手を思いやる気持ちを育み、「仲間のために」というサプライズも楽しんでいく。

たとえば忘年会には、一生懸命頑張っているスタッフに上司が手紙を書いておき、みん

なの前でそれを読みます。結婚を決めたスタッフに、奥さんになる人から手紙をもらっておいて披露したこともあります。

上司が部下を喜ばせること、感動させることを体験して、その意義を実感していきました。そうして会社の雰囲気が良くなり、各整骨院の院長を中心に、みんながまとまっていきました。

リーダーたちのおかげで、僕はチームワークの大切さに気づきました。チームワークが良くなると、人が育ち始め、出店も進んでいく。そんな流れができていました。

誰かが開院するとなると、みんなで手伝いに行く。これまで同じ院で働いていなかったスタッフも、オープンのときにはチラシ配りやポスティング、マッサージ治療を一緒にやって新店舗を盛り上げていく。スタッフ同士で応援する風土ができてきました。

２００５年までは5院だった整骨院が、２００６年から大家族主義を掲げたことにより、２００８年には12院に。３年で倍以上の店舗数になっていました。

大家族主義のチームワークで大切なのは次のことです。

- 理解すること
（スタッフひとりひとりがどのような想いでこの仕事をしているのか？）
- 覚えてあげること
（スタッフの誕生日や好きなスポーツ、好きな食べ物など）
- 信じ合うこと
（上司は部下を信頼し、部下は上司を信頼する）
- 利他の精神
（自己主張より自己犠牲の精神を持っている）
- 理念を大切にする
（新しいスタッフには理念の浸透を行う）

２００８年には「有限会社ひらい整骨院」から「株式会社ＨＳコーポレーション」に社名を変更。僕は、会社らしい〝会社組織〟にしていきたいと考えるようになりました。

スタッフの生活を守っていかなくてはいけない。スタッフの家族に豊かな生活を送ってもらい、子供たちには良い教育を受けてもらう。それができる会社をつくっていかなければいけないと感じていました。そこで、社員全員を対象に社会保険の導入も行いました。

時代の変化に対応できるスタッフを育てていかなければいけない。そんな想いがあって2009年度より新卒採用に力を入れ始めました。以前は中途採用のスタッフが多かったのですが、新卒のスタッフをしっかり育てていくように軌道修正。若いスタッフをどんどん育てて「地域を元気にする」治療家を育成していきたいと思うようになりました。

## 4 進化する大家族主義。

新卒採用に力を入れる一方、以前から働いてくれている社員を刺激する取り組みも行いました。会社の評価基準や就業規則、給与規定を変更。またキャリアアッププランを導入し、スタッフの夢をもっともっと応援する会社に変えていっています。

HSコーポレーションの企業ビジョンは「地域の人々を元気にする」

HSコーポレーションとは、大家族主義を柱に、応援し合う風土をつくりながら、ひとりひとりに理念を浸透させ、利他の心を持ち、地域の多くの人々をサポートし元気にしていく会社です。

現状に満足してはいられません。僕は幹部らを集めて「これからは健康総合企業を目指そう」と話し合いました。

会社は「社長の器以上にはならない」とよく言われます。僕自身が「もうこれでいいや」と思ってしまったら、会社の成長も止まります。現状維持は衰退の始まり。大きなビジョンをしっかり描き、そこに向かって進んでいくべきだと考えています。

そのために大切なのは経営計画書です。経営計画書に僕自身の夢を描きます。来年度、新卒を何人採用するのか。その教育はどのように行うか。会社の1年計画から始まり、5年後にHSはどうなっているのか、10年後は？　とイメージします。自分と向き合い、幹部ら、そして会社と向き合い、さまざまなことを決めていきます。

決定事項は毎年1回7月に経営計画発表会にてスタッフ全員で共有します。未来のHSはこんな会社になると僕が宣言していくのです。

宣言したからには、経営計画書が会社のバイブルとなって、それに沿って計画を実行していくことになります。実行するためには、現在どのようなことに力をいれていくべきか。やることは山積みです。

スタッフにも経営計画書を使っての勉強会を毎週行ってもらっています。常に経営計画書を見ながら、そこに書かれたことを皆で実現していく会社でありたいと思っています。

これから大家族主義は進化していき、当社で働いてくれていたスタッフが出身地に戻って整骨院を開業し、地域を元気にしてくれるでしょう。

地域の整骨院で「大家族主義経営」を行いながら、「仲間のために何ができるか? 患者様のために何ができるか? 地域のために何ができるか?」と考え、地域の担い手として活躍する。そんな治療家を育てていきたいと思っています。

これからも大家族主義を掲げ、社会に対して恩返ししていけるような会社づくりに励んでいきます。

## 5 当社の基本理念。

最後に、HSコーポレーションのスタッフが毎日、朝礼で唱和している基本理念を紹介します。

〔基本理念〕

❶ ビジョン

「人々の生活に密着した地域医療を目指す」

我々ひらい整骨院は、医療従事者として常に優しさを持ち続け、高度な医学知識と技術で患者様を治療し、安心を与え、住民に奉仕する。

❷ グループスローガン

「たくさんの笑顔のため」

地域で信頼され、たくさんの笑顔のために働くグループになろう。

❸ グループミッション

「地域密着医療を通じて社会に貢献」

「人間として成長」

❹ スタッフの仕事の仕方に対する合言葉
「仕事を通じて喜びや感動を与える職場を目指す」

❺ 私たちが目指すもの
「会社の繁栄」
「患者様やスタッフの幸福」
「関連会社様・取引業者様の繁栄」

# あとがき

僕はたくさんの方との出会いのおかげで、自分自身を成長させることができたと思っています。振り返ると自己成長は、出会いの数と読書の量に比例している気がします。

これまでの数々の出会いを1冊の本にまとめられたことを、正直、嬉しく思います。

当社も設立19年目に入りました。たくさんの失敗の積み重ねでした。失敗のたびに、多くのスタッフが自分から離れていきました。それでも、そばにいてくれる人もいます。妻はもちろんのこと、現在一緒に働いてくれている統括の磯貝和義やSVの市村秀崇、宇佐美慎吾、茂木靖、片山達郎を中心としたスタッフには感謝しても感謝しきれないくらいです。現在も当社で働いてくれている皆さんからは、たくさんの勇気をいただいてきました。

また、もっと努力しなきゃと思わせてもらっています。

すでに退職してしまった元スタッフの皆さんにも感謝しています。今のHSコーポレーションがあるのは、過去に働いてくれていた人たちのおかげでもあると思うからです。

僕は、スタッフが退職すると、「このままではいけない」と思ってしまうタイプなので、人が辞めていくたびに悔しさと苦しさを感じながらも、「これからもっといい会社をつくろう」と頑張ってきました。

僕がこれからの人生でやっていきたいことは「与える側に回ること」。患者様の幸せ、スタッフの幸せ、取引業者様の幸せ。自分がかかわる人たちに幸せになってほしいと願っています。「自分の幸せは最後に」と考えるようにしています。ようやく、そう考えられる自分になりました。

これからもロマンとビジョンをしっかり持ち、それを具現化していきます。

3月から毎月、東北の被災地に行ってボランティア活動をしています。石巻市で避難所となっている渡波小学校に掲示された寄せ書きの中に、こう大きく書いてありました。

「優しさは悲しみから生まれる」

「乗り越えよう、その生かされた命を使いながら……」

この言葉を目にして、人間は、悲しいこと苦しいことを乗り越えたときに、本当に優しくなれると感じました。

被災地に行くたびに、自分の命の使いみちについても考えさせられます。必要とされていない人間なんかはいない。誰しも役割があって生まれてきていると思います。

80歳のときにどんな自分でいたいのか？ 36年後の自分をイメージして、今、何をしなきゃいけないかを考え生きていくこと。それも大切です。

死生観として、80歳で自分が死んだときに5000人の人から「惜しい人を亡くした」と言ってもらえるよう、今を一生懸命生きたいと思っています。

今年の7月、妻に「あなたの夢は何？」と聞かれ、「老後は世界一周旅行がしたい」と答えました。妻が「誰と？」と聞くので、もちろん「お前とだ」と答えました。妻は喜んでくれていました。最後に僕を看取ってくれるのは妻だから、老後の旅行は当然、妻と満喫したいです。

今回、本を出版するきっかけをくださった遠藤友彦さんには深く感謝しています。当社と似た名前でまったくの別会社、ＨＳ（エイチエス）株式会社の斉藤和則専務にもたくさんのご指導をいただき、ありがたく思っています。

この本を手に取ってくださった読者の皆様、本当にありがとうございました。

株式会社ＨＳコーポレーション

星野 修

## ひらい整骨院グループ

http://www.hone.co.jp

### ひらい整骨院・鍼灸院（平井本院）

東京都江戸川区平井 5-12-6
03-3618-8226
hirai@hone.co.jp

モットーは「元気な挨拶、楽しい施術」。患者様のあふれる笑顔が私たちの喜びです。地域を大切に、院内はもちろん、外でもフレンドリーに声をかけさせていただいています。

### ひらいみなみはりきゅう整骨院（平井南院）

東京都江戸川区平井 4-7-4
03-5628-3131
minami@hone.co.jp

スタッフ全員、持ち前の明るさがセールスポイント。患者様により元気になっていただくため、おひとりおひとりの症状に合わせて、精一杯の努力をいたします。

### ひらい整骨院・鍼灸院（小松川院）

東京都江戸川区小松川 3-75
03-5858-3636
komatsugawa@hone.co.jp

お年寄りからお子様まで、地域の皆様に愛される院を目指しています。体のこと以外のお話を聞かせてくださる方も多く、気軽に通えるアットホームな院です。

### ひらい北口はりきゅうマッサージ院（在宅マッサージ事業部）

東京都江戸川区平井 5-16-2
03-6657-2256
kita@hone.co.jp

「寝たきり 0（ゼロ）を目指して」をコンセプトにした往診専門の院です。江戸川区・江東区を中心に、ご自宅や施設を訪問して施術をします。患者様の笑顔が私たちのエネルギーです。

## ひらいはりきゅう整骨院（亀戸院）

東京都江東区亀戸 1-31-6
03-5626-7573
kameido@hone.co.jp

目指すは地域に根差した整骨院。ケガで通院できなくなった患者様には往療も行い、重症の患者様が必要であれば、お休みの日も院を少し開けて診療しています。

## 篠崎つばさ整骨院・鍼灸院（篠崎院）

江戸川区篠崎町 7-29-9-101
03-6231-8988
shinozaki@hone.co.jp

毎年、亀戸院と合同で患者様とクリスマスパーティーやお花見会などを行って、地域に根差した整骨院を心がけています。

## りふれはりきゅう整骨院（西大島院）

東京都江東区大島 4-6-28
03-6277-5675
ojima@hone.co.jp

西大島にオープンして５年が経ちました。「地域密着ナンバー１」を目指し、患者様の健康をお手伝いして、運動をしている方のサポートもしています。

## りふれはりきゅう整骨院（菊川院）

東京都墨田区菊川 3-15-18-1F
03-5829-8858
kiku@hone.co.jp

「地域一番店」「地元からの信頼と知名度のある院」を目標に日々精進しています。ベビーカーを押してなど、お子様連れでも大歓迎です。おケガでなくても、なんでもご相談ください。

## ひらい整骨院グループ

http://www.hone.co.jp

### リフレ鍼灸整骨院（葛西院）

東京都江戸川区中葛西 3-18-24
03-5667-5411
kasai@hone.co.jp

患者様や地域の方々との交流を大切にし、患者様それぞれの生活スタイルに合わせた治療を心がけています。

### リフレ鍼灸整骨院（行徳院）

千葉県市川市行徳駅前 1-3-5
047-710-0088
gyoutoku@hone.co.jp

ご高齢の方、主婦の方、学生やサラリーマンの方など、地域の幅広い患者様から「治療家としてだけではなく、ひとりの人間としても信頼を獲得する」のがコンセプト。皆様の日々の健康をお手伝いできるよう、全力でサポートしていきます。

### ひらいはりきゅう整骨院（大塚院）

東京都豊島区北大塚 2-11-5
03-5980-9588
otsuka@hone.co.jp

患者様と二人三脚での地域密着医療を目指しています。地元の高校のトレーナー活動も行っています。

### ひらいはりきゅう整骨院（西日暮里院）

東京都荒川区西日暮里 3-6-9-1F
03-5834-8399
nishini@hone.co.jp

それぞれの患者様に合わせた治療を誠心誠意行っています。当院では、治療とホスピタリティーに力を入れています。

## ひらいはりきゅう整骨院（駒込院）

東京都北区田端 4-5-2-102
03-5834-8724
komagome@hone.co.jp

地域の皆様の健康を全力でサポートします。患者様の日常生活の一部になれるアットホームな院を目指しています。

## ひらいはりきゅう整骨院（蒲田院）

東京都大田区西蒲田 7-60-1-1F
03-3737-3530
kamata@hone.co.jp

ひとりでも多くの患者様を笑顔にして、私達の院から地域を元気にできるように頑張ります！

## なごみはりきゅう整骨院（梅屋敷院）

東京都大田区東蒲田 1-1-1
03-6228-0257
umeyashiki@hone.co.jp

スタッフと患者様の距離をより近づけ、家族のように支え合う、アットホームな整骨院を目指しています。

## ひらいはりきゅう整骨院（千鳥町院）

東京都大田区千鳥 1-21-4
03-6715-2031
chidori@hone.co.jp

私達は地域の方々が笑顔で元気に過ごせるように施術を行っています。子供たちの笑顔も大切にしています。

著者プロフィール

## 星野 修 （ほしの おさむ）

株式会社 HS コーポレーション 代表取締役。
1967 年生まれ。柔道整復師。

1992 年、東京都江戸川区平井にて有限会社ひらい整骨院を開業し、関東を中心に鍼灸整骨院を展開。2006 年、「大家族主義」を掲げた経営を始め、自立型の人材教育と楽しく感動の多い職場づくりを実践。以来、会社は急成長を遂げる。2009 年 7 月、社名を株式会社 HS コーポレーションに変更。2011 年 10 月現在は鍼灸整骨院等 16 院を経営し、健康総合企業を目指す。

「治療家業界を活性化したい！」という想いから、全国の同志と集まり『治療家甲子園』を開催。2009 年の第 1 回大会にて最優秀院に輝く。
2010 年には「地域を元気にしたい」と願う全国の熱い経営者らと手を組み、異業種企業が交流する『日本商店会』を結成。
大家族主義を貫き、「人々の生活に密着した地域医療を目指す」「地域密着医療を通じて社会に貢献」「人間として成長」「仕事を通じて喜びや感動を与える職場を目指す」といった理念を掲げ、仲間と共に日々奮闘中。
http://www.hone.co.jp

〔メールマガジン〕
HS コーポレーション星野修の想い・志
00556024s@merumo.ne.jp

# 【大家族主義経営　うちの会社はスタッフの夢が叶えられる大きな家庭】

初　刷――二〇一一年十月二十五日
著　者――星野　修
発行者――斉藤隆幸
発行所――エイチエス株式会社　HS Co., LTD.
064-0822
札幌市中央区北2条西20丁目1-12佐々木ビル
phone：011.792.7130　fax：011.613.3700
e-mail：info@hs-prj.jp　URL：www.hs-prj.jp
発売元――株式会社無双舎
151-0051
東京都渋谷区千駄ヶ谷2-1-9 Barbizon71
phone：03.6438.1856　fax：03.6438.1859
http://www.musosha.co.jp/
印刷・製本――中央精版印刷株式会社
乱丁・落丁はお取替えします。

ISBN978-4-86408-929-6